たった3人の町工場から
持続可能な企業に成長させるノウハウ

小さくても
強い会社を作る
本気の経営力

大島邦夫 KUNIO OHSHIMA

水王舎

はじめに

私は中小企業経営の世界を半世紀以上がむしゃらに生きてきました。25歳の時、三人で始めた会社を紆余曲折を経て、そこそこの規模の企業に仕上げました。

この約50年は長いようで短い時間でしたが、試行錯誤しながらも、会社の舵取りは、どうすればうまくいくのか、またどうすれば失敗するのか、すべて実体験で学んできたというのが実感です。

また取引先の会社や経営者仲間が運営する企業が、発展してゆく姿や、反対に衰退したり倒産してしまう姿も幾度となく目の当たりにしてきました。そういう他社の浮沈の様子も、私にとっては貴重な「教材」となってきました。先輩企業の幹部の方々や各界の専門家からいただいたアドバイスも、私の血肉となりました。

私の若い時は、「見習工」として、先輩の仕事を見て覚え、出来ればよし、出来なければ怒られるという時代だったので自然と工夫するすべが養われました。また仕事に対する知恵や判断力が身についていきました。

「なるほど、こうすればうまくいくのか」「こうすれば失敗するのか」という教訓は、自分自身が会社経営で学んだことも含め、大企業ではない、中小企業ならではの、経営のコツとして、私なりの財産として胸の内に蓄積されています。

経営のコツというものは、教えてもらって「分かった」というものではなく、毎日の仕事に意識を働かせ、身をもって体得するものであり、これを会得すればその価値は計り知れません。

「私は、こんなことに気づいたよ」という程度の、仕事や経営のヒントかもしれませんが、日々頑張っておられる中小企業経営者の皆様の参考になればと、このような書を上梓した次第です。

特に第一部では、中小企業の悩みの種でもある採用の面で提案もさせていただきました。中小企業経営者を自認される皆さんの参考になれば幸いです。

小さくても強い会社を作る　本気の経営力

目次

第２部　中小企業　本気の経営……31

PART TWO

Ⅰ　本気で経営にあたっているか……33

Ⅱ 経営数字に本気で強くなる……73

Ⅲ 社員を本気で育てる

第1部

PART ONE

高齢者を本気で活かす

頭を悩ます採用問題

私の経営者としてのスタートは、荷札業を始めた１９６０年、25歳の時でした。

荷札業というものは今の若い方々はご存じないでしょうから、少し説明をいたします。

当時は宅配便という小物を輸送配達するシステムがなく、鉄道や郵便を使って荷物を送っていたのです。

当時、郵便局は確か６kg以下の荷物しか受け付けてくれず、それより重いものは国鉄（今のＪＲ）が扱っていました。段ボール箱という軽くて便利なものはなく、荷物は木箱に入れて紐でしっかりしばり、３か所に荷札（受取先の住所・氏名や発送者の住所氏名を記入）をつけなければなりませんでした。

その荷札を製造する業者が少ないため、父の助言で、私は小さな荷札機を手に入れ、荷札加工の仕事を始めたのです。

思いのほか順調に仕事が受注でき、その後印刷業、紙袋の製造業と事業を大きく展開することができ、気がつけば50年間経営の前線に立っておりました。その間、日本の経済は大きな変化に何度も見舞われました。高度成長、バブル経済、バブル経済の崩壊、そして失われた20年。好景気の時は人も会社も踊り、そして不況時には会社は元気をなくし、人々は財布のひもを堅く締め……。中小企業もその影響の波を受け、悲喜こもごもの50年であったと思います。

そんな中で中小、零細企業がいつも悩み、苦しんだのは採用の問題でした。かつては高卒者を採用することができたのですが、バブル経済に沸く1986年頃から大学に進学する若者が増え、好景気で給料の高い大手企業に人材が流れてしまいました。我々中小企業にはなかなか来てくれなくなりました。

仕事があっても、それをこなす社員がいないとなると、勝機を逸してしまい、経営が立ち行かないのですから、本当に困ったことでした。

就職氷河期が来ても

そして異常とも言える好景気のバブル経済が１９９１年に崩壊して、景気が冷え込んでしまいました。それまでは就職希望者に優位な「売り手市場」から一挙に「買い手市場」、さらに言えば「超買い手市場」になり、就職市場も冷え込んでしまいました。

バブル崩壊から10年間は深刻な就職難だったと言われています。まさに「就職氷河期」だったわけです。余談ですが、この「就職氷河期」という言葉は、１９９４年の「新語流行語大賞」の特別賞になったそうです。

そのような厳しい就職状況の時期でしたので、大学生の皆さんは、大企業の就職を諦め、きっと我々中小企業の門を叩いてくれるだろうと私は思っていました。

ところが、私の目論見は見事外れました。大学生は内定を勝ち取ろうと、何十社もの大手企業に対して就職のための活動をしていきます。就職説明会や就活セミナーでは大手企業のブースは満席ですが、中小企業セミナーではさみしい限りの状況が続いていました。

そのため、私は大卒採用、新卒採用ということにこだわらず、就職希望者がいれば、いつでも面接を受け付け、「この子は磨けば優秀な戦力になる」と思った若者は学歴を問わず、積極的に採用してきました。おかげさまで私の会社は少ないながらもなんとか有能な働き手を集めることができています。

これもひとえに日頃からの地道な求人活動の賜物と自負しています。私は総務担当者に常にハローワークに採用情報を出しておくよう指示しています。いつ何時、面接を受けようかなと思ってくれる人がいるかもしれないからです。また募集のキャッチフレーズを少し変えて提出すると、ハローワークではそのたびに差し替えて採用情報の上の方に乗せてくれます。就職希望の方は上の方から見てくれますから、目に留まりやすいわけです。

ところが仲間内の経営者には、「ウチなんかの会社には来てくれない」と端からあきらめている人もいました。これではなかなか採用に結びつくことはできないかもしれません。

このように我々中小企業にとって採用というものは常に頭の痛い問題なのです。そこで、私は人を採用する際に、もっとシニアに目を向けてみようと思ったのです。

定年退職したAさんに声をかけてみた

現在の日本では、定年退職の年齢が60歳で、年金支給が始まるのが65歳という、既存の制度が存在するせいかもしれませんが、高齢者を65歳で線引きをしているのは、私たちの先入観が独り歩きしているのではないかと思います。

私たち中小企業は採用が厳しく、人材不足です。現有の社員をフル活用することは喫緊の課題ですが、それでも充分ではない事態が往々にして発生しているのが実態です。そこで、これまで高齢者呼ばわりされてきた65歳以上の人たちを、再度呼び込んでくることは、私たち中小企業が生き延びていくためにきわめて重要だと思います。

私どもの会社でも、一つの実例があります。一旦当社を退職したＡさんは、65歳になっており年金をもらいながら、週３日程度、コンビニの倉庫での作業をしていました。

そのことを耳にした私は、Ａさんに会いに行き、うちの会社でもう一度働いてみないかと働きかけました。以前、Ａさんは営業マンであったので、その気があるのなら、当社の案内パンフレットと名刺を持って、得意先回りをしてみないかと。

仕事が取れて、成約できたなら報酬に反映する歩合給という条件を提示してみました。Ａさんは、コンビニの倉庫作業も頑張っていたようですが、かつての職場で営業マンとして返り咲けるという喜びからか、笑顔で「やってみます」と返事をくれました。Ａさんは、今も元気で外回りをしてくれています。

私はＡさんが、「シニアの星」になってくれたらいいなと思って応援しています。こんな小さな事例ですが、うまくいけばあとに続く者が出てくれて、高齢者も戦力として会社で働けるようにさらに環境を整備していきたいと考えています。

高齢者に集まって仕事をしてもらう

また社員ではないのですが、私の会社ではアルバイトとして高齢者を10名ほど集めて仕事をしてもらっています。仕事の内容は、でき上がった紙袋の点検や紙袋の持ち手つけなどの軽作業です。

これまでは内職という形態で、半製品を各家庭に届けて出来上がったものを仕上げてもらい、それを回収ということをしていたのです。

私は個人の家で黙々と作業するよりは、みんなで顔を合わせて仕事するほうがモチベーションも上がるだろうという理由で、社内に「シルバーランド」という作業部屋を作り、毎日出社して作業をしてもらっています。

私の思った以上に、皆さん元気に働いてくれています。家の事情や通院などで早引きや遅出できるという対応をしているため、皆さんは明るく前向きに作業に取り組んでくれています。こうしたことを見るにつけ、この「シルバーランド」をもっと拡大してもいいかもしれないと思っています。

軽作業であっても高齢者にやってもらっているこれらの作業をこなすには、若いアルバイトさんなら4~5人は必要でしょう。しかし時給の面や単純作業ということもあって、若い人がこの仕事に応募してくれることはなかなかありません。やはりこのような軽作業も、高齢者の活用が一番いいのだと思うようになりました。

Aさんの再雇用、シルバーランドのケースは、高齢者雇用と呼ぶほどにはまとまりのある実例ではありませんが、皆さんの会社でも、このAさんのように、一旦退職した人の力を再び活用する余地は大いにあると思います。

高齢者の「良い面」に着目して

ところで、現在、「高年齢者等の雇用の安定等に関する法律(高年齢者雇用安定法)」が施行されています。この法律によって各企業には「高年齢者雇用確保措置」というものが義務づけられています。高年齢者雇用確保措置は、高年齢者を65歳まで安定して雇用することを目的としており、その具体的な内容は以下のとおりです。

（1）定年を定める場合には、60歳を下回ることはできないこと

（2）65歳未満の定年を定めている場合は、65歳までの雇用を確保するために、①定年の引き上げ、②継続雇用制度の導入、③定年の定めの廃止、のいずれかの措置を取らなければならないこと

そして企業がこれらの高年齢者雇用確保措置義務に違反している場合、厚生労働大臣による指導・助言や勧告を受ける可能性があります。また、厚生労働大臣の勧告を受けたにもかかわらず、これに従わない場合は、企業名が公表される可能性もあります。

ところで、私のところでの経験でも実感していることですが、高年齢者は若い従業員に比べるといろいろな面で劣っているところがあります。仕事のスピード、理解力、センスなど、若い人たちにはかなわないことは否定できません。しかし高年齢者には、長年の職業生活で培ってきた知識や経験があるので、これらの強みを十分に活かしながら働いてもらうことが大切です。

悪い面よりも、良い面に着目するということです。

高年齢者に働いてもらうためには、彼らを常にフォローする体制をつくることが大切だと思います。たとえば、高年齢者はパソコンを使うことが苦手です。苦手なことを無理やり習得させるのは、いたずらにストレスを増大させるだけです。苦手なことはいつでもフォローしていくことで労働意欲は高まっていくと思います。

ただし、あまりに過度なフォローは、甘えにつながりますし、フォローする側の負荷が増えることになるので、そのさじ加減が難しいところではあります。

また、高年齢者をフルタイムで勤務させることは禁物かもしれません。加齢に伴い視力や聴力が衰えてきますし、筋力も低下します。そうした加齢による肉体的な衰えをきちんと理解したうえで、これらに配慮して作業環境を整えていくことや、任せる仕事を検討していくことが必要だと思います。

また高年齢者本人の側も、労働時間や勤務日数など働き方に対するニーズは様々です。これらのニーズに対応できるように柔軟な制度設計をしていくことも不可欠でしょう。

『未来の年表』に驚愕

このように、私が高齢者の活用に目を向けている頃、ショッキングな本が発売されました。

河合雅司氏・著『未来の年表』（講談社現代新書）という本です。２０１７年６月に発売され、あっという間に10万部を超えるベストセラーになったので、ご存じの方も多いかもしれません。

日本がこれから超高齢化社会となり、人口減少に見舞われる時、社会、経済にどのような影響が出るか、データをもとに解説しているものですが、その内容を読んでいると愕然としました。

東京オリンピックを迎える２０２０年には女性の二人に一人が50歳以上、２０２４年には三人に一人が65歳以上の超高齢化社会になると書かれています。

この本の原稿を書いているのが２０１８年ですから、あと10年もすれば日本は危機的な状況を迎えるのです。

著者の河合氏が書いていますが、高齢化や人口減少の変化は目に見えてはわからないので、人々はのんきに構えてしまうそうです。いわゆる「ゆでガエル」の状態になっているため、気づいた時は「時すでに遅し」となっているのだそうです。

この『未来の年表』を読んで、私は高齢者の雇用やシニア層の活用をさらに真剣に考えるようになりました。これは中小企業に限ったことではありません。大手企業は大卒、新卒から優秀な人材を得ようとしても、今後は難しくなることは確かでしょう。

大手も中小も本気で高齢者雇用を考え、高齢者を活かす方法を実践していかなければならないのです。

私の会社ではまだ事例としてはほんの小さなものですから、他社さんではどのような取り組みをしているかを経営者の方々にお話を伺ってみました。

事例１　不二之出産業株式会社

《認められ求められる存在として働く》

所在地：　大阪府交野市星田北1丁目35番7号
事業内容：　エレクトロニクスマニュファクチャリングサービス　電気製品組立業

◉女性が多い職場で現場リーダーも女性

工業団地の一角を占める事業場において、従業員27名中、７名の再雇用者が働いています（２０１８年3月現在）。社員の雇用延長ではなく、すべて外部からの再雇用という形で、場内内職の勤務です。女性の多い職場であり、現場リーダーもすべて女性です。その現場リーダーの説明や指導のもとで、再雇用者の方々もそれぞれ担当の仕事に従事されています。

健康面や体力面での配慮は行っていますが、高齢者だからという理由で、仕事の内容を限定することはなく、同じ職場で働く仲間として、お互いに認められ求められる存在になるということが、この会社で働いてもらうことのポリシーだそうです。

◉過去の実績よりも、今、会社が求めている仕事に専念してもらう

高齢者を雇用する場合、その方が以前勤務していた会社での経験や技能を重要視するケースもありますが、丕之出産業株式会社では原則として過去の経験や技能にはこだわらず、今、会社が必要としている仕事に打ち込んでもらうことを徹底されています。むしろ、過去の経験や技能よりも人としての、シルバーの方一人ひとりの魅力が職場にプラスに働くことが多いようです。

7名の再雇用者はいずれも安定して勤務され、真面目であり、約束も守るという点で、貴重な戦力となっています。仕事が立て込んでくると、現場リーダーが「シルバーさんを入れてください」と会社に要望することが少なくないそうです。

社内には、みんなで昼食をとったり休憩したりするためのスペースがあり、昼休みになるとみんなでワイワイ言いながら楽しい時間を過ごされます。それはシルバーの方々にも楽しいひと時であり、自宅に引きこもっていては決して

味わえない貴重なものです。

事例2 **イカリ寿司**

《調理の職人をシルバーが育成》

所在地：［福田店］大阪府堺市中区福田484の43 ［狭山店］大阪狭山市大野台7の4の3
事業内容：寿司・会席料理、仕出し・活魚料理

◉ベテラン職人が後方支援

おもてなしの心を大切にされているイカリ寿司。シルバーの方としては、長年仕込みや調理の現場で働いてこられた方々が、定年退職せず、そのまま勤務されています。1日当たりの勤務時間は短く、3時間から4時間です。裏方での仕込みやしゃり炊きや在庫管理を主に担当されています。仕事内容としてはお店の最前線の業務ではありませんが、そうした仕事を担当してもらうことで、現在の調理担当や板前の人たちの仕事にも余裕が生まれ、大いに助かって

いるとのことです。

また、そういう方々は和食の調理や寿司職人としては経験豊富なベテランなので、中堅や若手の指導という点でも貢献度は高いとのことです。イカリ寿司にはイカリ寿司の味があり、その味を継承していくための職人の育成には余念がありません。そのためのインストラクターとしてシルバーの方々は適任なのです。

具体的には、シルバーの方々が自主的に若手育成の指導カリキュラムを考え、1年計画や3年計画など、指導の目安もシルバーの方々が自発的に目標を設定されます。

◉シルバーの方々を活かしての多店舗展開も

一方、外部からの再雇用も実施されています。お客様の送迎バスの運転手として、以前トラックの運転手をされていた方や幼稚園のバスを運転されていた方を起用しています。

現在、和食、寿司ともに40代を中心とした年代の従業員が多く勤務されており、その方々が60歳、65歳という時期を迎えることも踏まえ、今後の店舗展開も大きな課題の一つであるとのことです。

事例３

西部エンジニアリング株式会社

《自社ノウハウの継承のために》

所在地：　大阪府和泉市テクノステージ３丁目９の１２
事業内容：　プラント機器の製造及び建設工事、産業機器設備の製造・設置及び解体工事業　産業機器、環境機器及びプラント機器のメンテナンス業務

◉若手に技術を伝える

和泉市のテクノステージ和泉は、大阪府内でも有数の工業団地です。ここを本拠地とする西部エンジニアリング株式会社は元気な企業です。社員の定年延長の形態で、シルバーの方数名が勤務されています。見積積算や設計など、技術的なベテランの技量を発揮してもらっています。

会社としては外の現場に出向いての仕事が大半なので、シニアの方々は内勤とし、現場の後方支援を担ってもらう一方、若手社員の指導や技術の継承に貢献してもらっているそうです。

シニアの方々が経験で培った技術は、書面やデータで表現できるものではなく、直接目の前で見せたり口で伝えたりするものがほとんどです。高齢者雇用としては、外部からベテラン技術者を招くことも検討しているそうですが、外部から招く方に自社独自のノウハウや技術に対応してもらうことはなかなか難しいそうです。

シニアの方々の勤務形態はほぼ自己裁量に任されていて、午前中だけの勤務の方や午後から勤務の方など多岐に渡っています。それはシニアの方々が自社の事情をよく理解しているからこそ成立しているとのことです。

◉野菜工場の構想

ところで、代表取締役の石井宏之氏は、今後、シニアの方々が活躍していく場所として、作物栽培の工場に大きな可能性を感じておられます。

野菜工場での作物栽培は、いわゆる水耕栽培であり労働負荷という面では比較的軽作業です。そのため、シニアの方々に向いているといえます。また、家庭菜園で野菜を育てることを趣味にされている方々も少なくありません。

今後、高齢者人口が増えていくことを鑑み、野菜工場のようなシニア向けの勤務環境を築いていくことを構想していきたいとのことです。

いかがでしたでしょうか。これら3社はそれぞれ自分たちに合ったやり方で高齢者をうまく戦力として活用されていると思います。

高齢者の雇用、活用は、若い方とは違って即戦力となり、バリバリと実績を上げるものではないかもしれません。しかし先に述べたようにごく近い将来、超高齢化社会と人口減少の波を受けるのですから、今から高齢者を雇用し活用する方法を本気で考え、トライしていかねばならないと思うのです。

第2部

PART TWO

中小企業　本気の経営

世に言う中小零細企業は、資本力はない、人材に恵まれない、
景気の影響をもろに受ける、という厳しい環境下にあります。
しかし、そのような中でも元気な企業はたくさんあります。
これは経営トップの「真剣な経営姿勢」があるからでしょう。
私も「本気」で経営にあたってきました。経営者のこのような真剣さ、
本気さがあれば、中小零細企業と言えども、生き抜き、社員も、
社員の家族も幸せにできるのではないかと思います。
そこで、中小零細企業にとって大切な「経営の視点」「経営数字」
「人材育成」について私なりの考えを述べてみたいと思います。

I

本気で経営にあたっているか

「ぼちぼちでんな」と経営課題

大阪の経営者の間でこんなあいさつが交わされるのはご存じの方も多いかもしれません。

「どうですか？　儲かってますか？」

「まあ、ぼちぼちでんな」

良くもなく悪くもないという状態を「ぼちぼち」という言葉で表しています。

また、結構儲かっている状況でも、「そこそこ儲かってます」という控えめな言い方として「ぼちぼち」と言ったりします。

「ぼちぼちでんな」と笑顔であいさつできるといいのですが、いつもそんなにうまくいくわけはなく、規模の大きい、小さいを問わず、企業運営をしていると必ず問題が生じます。いわゆる経営課題です。会社の経営課題に本気で向き合ってその克服に努めている会社は、まず間違いなく成長していきます。逆に、中小企業がおかしくなってしまうのは、そうした経営課題を見落としてしまうからだと思います。

経営課題といっても様々です。なぜ会社の経営課題を見落としてしまうのでしょうか。

会社のお金、つまり運転資金や日々の売上が回っていると、何となく大丈夫だと考えて会社の経営を続けてしまうからです。また、資金不足に陥っている会社は、お金を回すことばかりに意識が集中して、なぜお金が回らなくなってしまったのか、という根本の経営課題を見過ごしてしまうからでしょう。

私の知人の社長にも「あきまへんな」「儲かりません」と嘆き節ばかりの方もいますが、これは経営者自身にも問題があると思います。たとえば、他人の忠告に耳を貸さないとか、自らの劣っている点を見直す謙虚さがないとか、会社の数字を軽視する、そんな方には、自分の会社の課題を拾い上げることはできないと思います。

会社がうまくいかないという状態に陥らないようにするためには、経営者自身のあり方も含めて、経営課題を見落とさないための努力を続けていかなくてはいけないと思います。

優秀な社員を抱え、優れた技術を持っているにもかかわらず、低迷している会社や倒産してしまう中小企業は、私の見聞きする範囲でも決して少なくありませんでした。

経営者が、会社を成長させるために考えなければならないことはたくさんあります。経営の安定化、業績拡大、資金の調達、資金繰り、組織づくり、人材育成などなど。それぞれのどこに課題があるのか、見落としはないか、いつも本気で目を光らせていなくてはならないのです。

「続けること」が大切

私たちが日々行っている経営を、もし人に説明するとしたら、皆さんは何と答えられますか。

答えはいろいろあるかもしれませんが、私は、「続ける」ことだと思います。最近では経営誌などで「サステナブル経営」「持続可能な経営」と言われていますが、平たく言うと「続ける」ことなのです。社長になって会社を経営するということは、社員や社員の家族のためにも、会社を永遠に継続させることなのです。

しかし、その継続がどれだけ難しいことであるかは、私も読者の皆さんも痛いほど実感していることです。

そして、継続のために絶対に必要なこと、それは「儲ける」ことです。なぜなら、私たちの会社はお金がなくなると倒産してしまうからです。何だか釈迦に説法のようですが、あえて申し上げています。

中小企業にとって資金の調達が簡単ではない以上、お金の出どころは利益しかありません。そして、儲け続けるために必要なことが、黒字経営です。黒字経営ができなくなると、会社のお金が減り始めます。

そしてそのまま赤字経営を続けてしまうと、いずれは会社のお金が底をつき、会社がつぶれてしまいます。

会社が創業してからの一般的な会社の寿命は、数字で見ると愕然とします。

10年後の会社生存率は約5パーセント、そして50年後となると会社生存率はたったの2パーセントとも言われています。何と厳しい現実でしょうか。

私の周りにも、消えていった会社、人手に渡ってしまった会社がたくさんあります。生き残れなかった理由は、いろいろあると思いますが、おおむね黒字経営を続けることができなかったということに尽きると思います。

その一方で、赤字経営でありながら、倒産しない中小企業がたくさんあるのも事実です。中小企業のじつに7割の会社が赤字経営に苦しんでいるそうです。

では、苦しみながらも倒産を何とか免れている中小企業の実情はどうなっているのでしょう。たとえば、赤字金額が減価償却費よりも少ないとか、銀行からの借入で運転資金を補てんしているとか、経営者が身銭をきって運転資金を補てんしている、だいたいそんなところだと思います。

中小企業は、資産規模も売上規模も小さいために、役員報酬を減らすことで、何とかもってしまうのです。社長が低賃金や無償労働に甘んじることによって何とか続けられる場合も多いと思います。

でも、それが恐ろしいところです。少々赤字が続いても、自己資本がマイナスになっても、何年もその状態で続けられるから恐ろしいのです。債務超過が当たり前、赤字が当たり前になり、赤字はよくないものだという感覚がしだいに麻痺していくのです。

そのため、もし赤字金額が減価償却費よりも多くなるとか、銀行からの借入や自己資金からお金が補てんできなくなると、たちまち会社のお金が減り始めて倒産への道を走り始めると思います。

それに、たとえ黒字経営であっても、資金繰りや利益水準に余裕がなければ、企業を取り巻く環境や市場の動向の影響を受けて経営がうまくいかなくなる危険性があります。

経営を続けるためには、黒字経営はもちろんのこと、儲け続けることが大切なのです。

景気とうまくつきあう

冒頭にも記しましたが、経営のコツを会得するのは容易なことではありません。私とて、自分のこれまでの仕事の中で、これは間違っていないようだ、これはこういうやり方が正しいようだという具合に、少しずつ経験を積み重ねてきたにすぎません。

大学や専門学校で経営学や会計の勉強をしても、それだけで経営のコツがわかるほど簡単なものではありません。失敗して痛い目にあって、それが経験となってくるものなのです。

会社を取り巻く状況は、まるで生き物のように変化します。その変化には、必要に応じて変化で対応しなければならないと思います。

状況の変化の最たるものの一つが景気です。景気は中小企業の会社経営に大きな影響を及ぼします。景気がよければ消費が拡大しますが、景気が悪ければ人々の財布のひもが堅くなって消費が縮小します。お客様は商品やサービスを見極める目がシビアになり、厳しい経営を余儀なくされる企業が出てきます。

その一方で、景気が悪化しても健全な経営が持続できている中小企業も少なくありません。なぜでしょうか。

そのような会社は、不景気の時は、ジタバタせずに、ムダやムラを徹底して排除したり、主力商品やサービスの付加価値を再検証したり、設備の保守保全や社員教育に力を投入したりと、仕事の見直しをしているからなのです。むしろ不景気の時こそやるべきことはたくさんあるはずです。

そして景気が上向けば、新商品の開発に投資したり、新市場の開拓などに人員を割くなど、一気に積極経営に転じることが大切でしょう。

こんな経営者になってないか

世の中の中小企業の経営者がすべて優秀で人格的にも優れているとすれば、これほどすばらしいことはありません。しかしそれは残念ながら理想です。現実には、問題のある経営者は少なくないと思います。私自身も、もしかしたら厳しく糾弾されて然るべき面があったかもしれません。ここでは、自己反省の意味も込めて、困った経営者とはどのような人か、考えてみたいと思います。

○社員に厳しいばかりの経営者

世間には営業社員に厳しいノルマを課し続ける経営者がいます。ノルマを課すこと自体は必ずしも悪くありませんが、あまりにも過酷な要求をし続けると、営業社員が疲弊し架空売上を計上するなどということも起きると思います。

○番頭をコントロールできない経営者

専務や常務など、社長の右腕として経営を補佐する存在の番頭さんの中には、会社の創業当時から経営者と一緒に仕事をしてきた人も少なくありません。そういう人が、経営者を支えたり時には諫言《かんげん》をして会社の舵取りに貢献している場合は申し分ありません。しかし、中には経営者を支えるふりをしながら、実際はその権力を利用してやりたい放題のことをしているなどというケースもあると思います。

そうした好ましくない番頭を、経営者が正しくコントロールできないとしたら、会社の将来は決して明るくないと思います。

○社長というステータスに酔っている経営者

たとえば従業員がわずか10人前後という規模の会社なのに、立派な社長室を作ってそこに居座り、社長秘書まで雇っている経営者は、経営者本来の仕事に情熱を傾けるよりも、地位やステータスに執着している、困った経営者だと思います。そのような社長ごっこはやめて、会社の将来のため、世の中のため、そして従業員のために真面目に仕事をする経営者でなければならないと思います。

○社員のやる気の低さを放置している経営者

外部の方やお客様への対応がテキパキとしていない、何となく自信なさげに見える、勉強不足であるなど、社員のやる気が低い会社は、たとえ業績に問題がなくても、そうした状態が必ず何かの問題の火種になると思います。社員のやる気の低さに気づかない経営者も、低さに気づいていても放置している経営者も、会社をおかしくしてしまうと思います。

○現状維持にこだわる経営者

売上を高め利益を拡大していくことは、会社の規模の大小に関わらず、企業の使命であり宿命とも言えます。そのために、新商品や新サービスを生み出したり新しい取引先を開拓したり取引先に新しい提案をしたりと、行動することはきわめて重要なことです。しかし、「成長よりも安定」、「新しいことに飛びつくよりも現状維持」、「今のままで何が悪い」などと言って憚らない経営者がいるとしたら大いに問題だと思います。現状維持にこだわる経営者のもとでは、必ずといっていいほど社員の士気は下がってくると思います。

経営者は本気で覚悟

中小企業の経営は、私は面白い仕事だと思います。大企業とは違う、また一人だけで行う生業でも経験できない、独特の醍醐味があります。しかしそれは、経営者自身の経験と勘と、従業員の協力や外部の人たちの協力とが、絶妙のバランスを保って成り立っているものでもあると思います。

そうした経営者のあり方として、やはりトップであることの自覚と覚悟が、いかに大事かを今さらながら実感しています。そういう意味で、経営者の大きな仕事は、「覚悟」ではないかと考えているのです。ここでは、私たちは、何を覚悟しなければならないか、思いつくままに拾い上げてみたいと思います。

◯経営者は結果で評価される

赤字経営をしている経営者は、やはり世間からは低く評価されてしまいます。言い訳は通用しません。人柄や交友関係を褒められても、赤字ならば喜べません。経営の結果、それも数字に表れる結果がすべてです。

◯最善の決断をすることを求められる

何を作りどう売るか、拡張するか、撤退するか、人の採用はどうするか、今後の事業展開をどうするか、こうしたことに対して部下の人たちから提案や報告があることもあります。けれども最終的に決断するのは経営者です。しかも、最善の決断をすることが求められるのです。待ったなしのこともあります。先延ばしは許されない時もあります。そして、決断はできるだけ迅速に行うことを忘れてはいけないと思います。

○部下に任せて任せない

仕事をどんどん部下に任せることは必要です。それが部下を育てることにもつながります。しかし、任せられないことまで任せてはいけません。逆に経営者一人で多くのことを抱え込むのも問題です。任せる勇気と任せない覚悟は両立させるべきだと思います。

○社員に経営者の意図を理解させる

経営者として決断したこと、会社の方針となっていること、それらは経営者一人が理解していればよいというものではありません。社員全員が経営者の意図や思いを理解しなければ、誰の協力も得られないし、全員で会社を運営していくことにもなりません。社員が理解するための努力を経営者自身がしなければいけないと思います。

○組織と仕事の「組み立て図面」を作る

プラモデルをご存じでしょうか。箱を開けると、そこには書かれている手順通りに接着剤をつけ部品をつなげると完成するという、そういう図面の説明書が必ず入っていました。会社には、そうした組み立て図面や説明書は、見かけの上ではありません。

しかし、会社における仕事を、各自が取り組むことによって成果が上がる、そのために不可欠な図面が、見えない形で存在しているのだと思います。それは、方針であり、仕組みであり、マニュアルです。しかもそれは、誰が入社してきても、必ず成果が上がる方針、仕組み、マニュアルであることが不可欠です。経営者は、そうした会社の「組み立て図面」を作る責任があると思います。

○現場の問題を自分の問題と捉える

生産現場でも販売の現場でも、あるいは社内会議の現場でも同じです。現場を人任せにして、何か問題があった時だけ報告せよ、ということでは会社の本当の課題はつかめないでしょう。経営者自身、何度か現場に出向いてそこで起きていることを自分の目で確かめること、現場で頑張っている社員の話を真剣に聞くこと、そうしたことによって、現場の問題を自分の問題と捉える覚悟が要ると思います。

○ルールを守り守らせる

経営者自身も、会社の方針に従って仕事をしなければなりません。それと同時に、社員にも同じことを徹底するべきです。そして会社の中には、就業規則をはじめとして諸々のルールが存在します。このルールを自分自身が守り、社員にも守らせることが大切です。ルールを守らない社員がいるとしたら、その社員は組織の中のチームワークを乱し、場合によっては組織を破壊してしまうのです。

○自分から社員に声をかけ社員に近づく

中小企業は社員数が知れています。今年入社した社員と経営者との距離はごく近いものです。社員同士の距離も同じです。お互いにコミュニケーションをとってこそ、全員一丸となって仕事ができるというものです。経営者が社長室に居座り、社員が来るのを待っていても、誰一人としてやってきません。社長室を出て、自分から社員に声をかけ社員に近づくことが不可欠です。それができない経営者は、「引きこもり経営者」です。

○社員全員の成長に漏れなく気を配る

優秀な社員は何かと目立ちます。また評価をする甲斐があります。ではあまり優秀でない社員はどうか。優秀な社員と同じように関心を寄せ、正しく評価することが必要だと思います。そしてその社員が成長していれば、それを喜び、積極的に評価するべきでしょう。

○真剣に仕事に取り組ませる

苦しみながら仕事をするなどということは、あってはならないと思います。製造部門も営業部門も間接部門の社員も、仕事にやりがいを感じながら楽しく仕事をしてほしいものです。そうでないと、長続きはしません。けれども、楽しいからといって、不真面目に仕事をするのはもっての外です。真剣に仕事に取り組むことを、徹底しなければなりません。仕事は厳しいものです。楽しくても厳しく真剣に取り組ませる覚悟が必要だと思います。

○不正やウソは徹底的に糾弾する

仕事の手を抜いたりさぼったり、不正を働いたりウソをついたり……。こうした不正義の社員は徹底的に糾弾するべきだと思います。もちろん経営者自身、襟を正して仕事をしなければ、不正の糾弾などできるはずはありません。ただし気をつけたいのは、不正やウソの背後にどのような事情が潜んでいるのかを、理解をしなければいけないということです。根っからの悪人というものは、それほどいないものだと思います。

○変化を与える

毎日同じように出社して同じように仕事をして帰る、こういう日々が何日も何年も続けば、人は成長しないと思います。新しい風を入れるなり、新しい仕事に取り組むなり、自分自身も含めて成長する機会を作ることは大切だと思います。人は「今のままでいい」と思っていると、やがて堕落や衰退が始まるのです。

○経営者自身がお客様と接する

経営者が営業社員の成果を横取りするのは問題外ですが、経営者自身がお客様と会い商談を前向きに進めていくことの効果は大きいと思います。どのお客様に、どのタイミングで経営者が会ってトップ営業をするべきかは、担当の営業社員の意見を聞きながら決めるとよいでしょう。経営者は会社の代表であるという自覚と覚悟を忘れずに。

○自社の強みを正しく認識する

製品やサービスの強みはもちろん、納期、サービスなど自社の強みを認識し、それに磨きをかけることに全力を傾けましょう。できれば一番化を目指します。一番と二番とでは価値が全く違います。

○お客様対応に責任を持つ

お客様に対してどのような接し方をするのか、どのような対応をするのか、会社としての方針を決めるのは経営者です。社員に任せて知らんぷりというのでは経営者失格だと思います。そしてお客様からのクレームに対してもそれは同じです。

○他社に学び、よさを取り入れる

競合会社、取引先、異業種企業など外部の人たちの活動に常に注意を払いましょう。そして、「これはよい」というすばらしいものを発見したら、自社でも研究してみる、取り入れてみるという姿勢を持つことが大切だと思います。

このことは社員にも奨励して、いつもアンテナを張って研究しようという社員を増やすことが大切です。

○反省する、時には自分を否定する

いつも自分が正しいと思ってはいけないと思います。正しくあらねばならないと思うことと、傲慢になることとはまったく別です。謙虚に反省する気持ちを保ちましょう。人の意見に耳を傾けましょう。そして人の意見を本気で聴こうと思ったら、いったん自分を無にしてそれまでの自分を否定するくらいでないといけないと思います。

○いつも仕事を追いかける

お金を追わず、仕事を追いかけましょう。お客様に喜ばれる仕事、役に立つ情報を提供するために一生懸命働きましょう。よい仕事をすれば、結果的にお金は後からついてくるものです。そして無償で働くのではなく、適正な利潤を追求しましょう。お客様の利益ではなく自分の利益ばかりを第一に考えるような経営者であってはいけないと思います。

中小零細企業のよさをアピールしよう

日本にある企業の大半は、中小企業です。大企業が大きな売上を上げ、多額の法人税を納めている背景には、私たち中小企業の支えがあるといっても決して言い過ぎではありません。北島三郎さんの歌にもありますように、将棋も「歩」がなければ成り立たないのです。私たち中小企業の経営者は、小さい会社のよさを認識して、アピールするべきです。特に若い方々には、いくらアピールしてもやり過ぎということはありません。ここでは、私たち中小零細企業のよさを掘り起こしたいと思います。

○社員の一人ひとりに存在感がある

たとえば社員数30人の会社では、一人の社員の活動や成果が、会社全体の業績に大きな影響を与えます。会社のイメージをも変えることもあります。もちろん社員一人ひとり、それなりの責任感で仕事をしてほしいところですが、影響力の大きさという点では働きがいにも直結すると思います。

ところが大企業ではそうはいきません。社員数が5万人の企業ともなると、一人の社員の活動が、全社に及ぼす影響はどんなものでしょうか。もちろん、5万人規模の企業の業績を向上させようと、その企業の社員の皆さんが働くことはすばらしいことだと思います。しかし、その中で存在感を示すのは、なかなか大変なことです。

○社員が自分の力で環境整備しやすい

社員数が5万人の会社では、自分の考え方や都合に合わせて社内の決め事や仕事の進め方を変革しようとすれば、それはなかなか大変なことだと思います。仕事を進める上での環境整備には手間がかかり、多くの人と合意をとったり決裁を仰ぐなど、時間もかかるでしょう。これが、小さい会社ならば、かなり簡単です。経営者に直接意見具申することが容易だからです。といっても、小さい会社なら、拙い意見も汲み取ってもらいやすいということでは決してありません。合理的な理由がなければ、経営者は耳を貸しません。もっとも、小さい会社の場合、働く環境が大企業のようにレベル高く整えられていなかったり、社風に独特のクセがあることが少なくありません。それらに対しても、社員の変革意識が発揮される余地が、小さい会社には残されていると思います。

○意見を発信しやすい

大企業で働くＡさんが、ある提案をしようとします。Ａさんは自分が属しているる仕事グループでその提案の話をします。そこで話し合った結果を、グループ長が主任に伝えます。主任は、その提案を吟味し、係長に相談します。係長は吟味のうえ、直属の上司である課長のところにこの提案を持っていきます。すると課長はその提案を吟味し、よいと判断すれば課長会議で議題の一つに加えてもらうよう働きかけます。そしてこの課長会議で、もしこの提案が面白いとなれば、今度は部長に話をします。

この一連の流れにおいては、Ａさんの提案は口頭で伝えられるのではありません。おそらくそれぞれの上司が目を通すために、どこかの段階で提案書の形にまとめられる必要があるでしょう。それはもしかしたらＡさんが担当するかもしれません。そして、上の人に見せるたびに、また会議にかけられるたびに、提案書は修正意見を取り入れた形で書き換えを要請されることでしょう。

大企業で働くＡさんの提案は、このように階層を下から上がっていくのです。実際には、もっとスピーディーだとは思いますが、だいたいの仕組みはこのような様子です。これはもちろん必要な手続きなのですが、Aさんにしてみれば、自分の意志で会社に提案している感覚は薄いかもしれません。ただ、Aさんの提案がもとで一つの新事業が始まり、その事業担当としてAさんが参画させてもらえる可能性は大いにあるかもしれません。

これが、たとえば社員数が10人の会社なら、まったく様子が違います。Bさんがある提案をしようとします。Bさんは直属の上司である課長に相談します。この提案が面白いとなれば、課長はBさんを伴って社長に話をします。社長は、「いいじゃないか。すぐやろう」となります。これで決裁です。

このAさんとBさんの社内稟議の違いは、小さい会社のよさを示していると思いますがいかがでしょうか。

○外部の人や組織と交流しやすい

大企業の中には、いろいろな専門家を社内に抱えていることが少なくありません。人的な資源が豊富です。中には、社内に病院が設置されている大企業もあります。私たち中小零細企業では、病院などは無論のこと、人的な資源が充分ではありません。その結果、外部の専門家に相談したり交流したりという機会が多いと思います。税金や法律の相談なども、もちろん外部スタッフに頼ります。

こうした状況では、社外の人や組織と何がしかの繋がりを持とうという意識が働きやすいと思います。

私も経営者として、社外のいろいろな人に知恵を借り、教えを乞うてきた経験があります。社外の人脈も広がりました。そしてこれは、経営者だけに限ったことではなく、その気があれば、社員も経験できることだと思います。むしろ、外部の人ともっと交流させてほしいと経営者に言ってくる社員であってほしいと、私なら考えます。

○社員の存在価値が高い

小さい会社の欠点かもしれませんが、一人の社員が休むと、たちまち困ることがあります。その社員がいなければ成り立たない仕事が少なくないからです。しかし見方を変えれば、このことはそのまま社員の働きがいに直結しています。会社に必要とされていることを実感し、周囲の人の感謝や評価を直に感じながら働くことができるからです。

○経営を学べる

社員数が30人だった時代、社員一人ひとり、私は直に指導をしていました。30人程度なら、私一人でも全員に目が届くという実感があったからです。学校でも、30人学級なら担任の先生一人で、かなりきめの細かい教育ができるという話に似ているかもしれません。

経営者が30人の社員に目が届くということは、逆から見ると、社員一人ひとりは、経営者の仕事を間近に見ることができるということです。本人のやる気やセンス次第では、経営という仕事を社内で勉強できるわけです。

○やる気しだいでどうにでもなる

小さい会社は、経営者との距離が近いので意見や提案を経営者に具申しやすいことは先に述べた通りです。そして、もしいっそう実力を高めて、経営的な視点で会社のあり方や事業の将来をよりよく考えられるようになれば、社員が自分の会社を大変革させることも充分に可能なのです。これこそ、小さい会社に身を置く人間の特権だと思います。

ただし、それは主体的に行動できる人にだけ与えられる特権だと思います。現状のままでよい人や、誰かに引っ張ってもらいたいと思っている人、何もせずできるだけ楽しく生きていきたい人には、小さい会社ならではの不便さや欠点を、背負ってもらうことになるかもしれません。

最悪な中小企業病

いっとき大企業には、大きな組織特有の悪い状況がそこここに出て「大企業病」と非難されました。いまや経営陣が大企業病を根絶するために努力したため、大企業病に罹っている企業はずいぶん減ったと感じます。ところが一方、中小企業を見ると、零細な組織特有の困った事態が生じることがあります。それはいわば「中小企業病」です。私の周りでも中小企業病に罹っている会社は少なくありません。じつは中小企業病がどんなものかをわかっていない社長さんが多いのです。

ですので中小企業病がどのようなものなのか、取引先や関係先のことも振り返りながら考えてみたいと思います。

○売上の締め日をずらしている

毎月の売上金額がほぼ安定している会社が、実はこっそり締め日をずらしてシステムに入力しているなどということがあります。これは、売上が少なかった月に、その実態をごまかすために行っているのです。そんなことをしていたら、月次決算をする意味がなくなってしまいます。

○納期遅れが少なくない

現場で作業をしている社員が、納期がいつなのかわかっていないことがあります。その一方で、お客様に納期の回答をしなくてはならないので、それぞれの工程に問い合わせ、該当の商品が現在どの工程にあるのかを調べる、などという状況も発生します。さらにひどいのは、納期の遅れを集約する部署が曖昧で、システムの在庫も正確でなく、作業の指示も曖昧になっているのです。そして、月の売上の何割かにそうした遅延分が紛れていたりします。

こうした事態に対して、トップは「何とか納期遅れを解消しろ」と言うばかりで、具体的な解決策を指示しないのです。よほど製品を安い価格で提供できているのか、他社に真似ができない技術があるのか、それにしてもあってはならない事態です。

◯定年退職の制度が曖昧になっている

定年がはっきりしていないために、相当高齢の社員が在籍していたりします。そういう方は、パソコンが使えない場合が多く、その人の代わりにメールを送ったり、資料の打ち直しをするなど、別の社員が自分の仕事の合間に面倒を見なくてはなりません。そういう高齢社員は、社内では立場が上の人として扱われていますが、その人がお客様に会った時、敬語を使わず馴れ馴れしい口の利き方をすることが少なくありません。

◯社員が指示待ちで、経営者を頼り過ぎる

社員が経営者の指示したことしかしない状態です。しかも経営者がちょっと難度の高い仕事を受注してきた時、「これ、できるかな」と社員に指示しようとすると、社員は逃げてしまうのです。今やっている作業はするけれど、新しい仕事や自分から動く仕事はしないという状態です。

○職場が汚い

廊下に段ボールが置かれていて通りにくい、通路にほこりがたまっている、書類の整理整頓ができていない、窓ガラスが拭かれていない、事務所や社屋の外にある植栽が枯れている等々、仕事をする環境が悪い状態です。こうした状態は、仕事の効率を悪くする、安全が守られない、社員の勤労意欲を低下させる、お客様に悪い印象を与えるなど、悪影響を必ず及ぼします。職場が汚い会社は、業績を伸ばすこともできないと思います。

他にもいい加減な経営をしている中小企業の実態はあると思います。私たちは、「これでいい」などと絶対に考えないで、改善すべきところはどしどし改善するべきだと思います。中小企業だからこそ、緊張感と誇りを持っていることが大切なのです。

会社を駄目にする経営者

まさかこのような経営者はいないだろうと思いきや、結構ひどい経営者は案外いるものです。

皆さんはいかがでしょうか。自問自答してください。

○スピード経営の意味がわかっていない

時流に適応することが大切だと考えて、流行のものに飛びつくとか、ちょっと思いついたことにこだわって深く考えもせずに経営の方向性を決めたりする、そのようなことをしていたら会社を潰してしまうと思います。スピード経営と思いつきは全く異なります。

○会社の将来像を考えない

今年はこうする、来年はこうする、といった短期的な発想だけで動くが、長期的展望を具体的に描けていない経営者になっていないでしょうか。従業員にしてみれば、このような経営者が経営する会社で働いていても、ろくな未来は見えてこないと思います。

○とにかく遅い

先見の明があることは大切です。しかし、そこまでいかなくても、しかるべき時に決断をすることは、経営者には不可欠なことです。あれこれ迷って決断しない、のろまの経営者になってはいないでしょうか。やっと決断して市場に参入したら、すでにブームが終わっていた、というようなことでは、会社を潰してしまいます。

○自分流、自社流にこだわる

会社が誇るべき技術を持っているとか、長年にわたって大切にしている社風があるのは、それはそれで貴重なことだと思います。しかしそれはあくまでも、それらが会社を成功に導く要因である時の話です。古いやり方にこだわって新しいことを勉強しない、あるいは世間のニーズを読むことを嫌う経営者は、会社を駄目な方向に導いてしまうと思います。

○意味のない多角化をする

たとえばパンの製造・販売をしている会社が、食パンだけでなく調理パンや菓子パンを手掛けるようになる、さらにはパンやケーキを作るための材料も商うようになるといった、元々のテリトリーや技術を生かした多角化は、よく見られることであり成功されている企業も少なくないと思います。そうではなく、パン屋の横で自転車の販売を始めた、さらにはその横で化粧品の卸にも手を染め始めたといった、何か気まぐれや思いつきとしか思えないやり方は、必ずといっていいほど失敗すると思います。企業経営においては、選択と集中は不可欠の行為です。

〇その日の気分で仕事の質が変わる

たとえば、贔屓にしている野球チームが昨日の試合で負けたために、今日は機嫌が悪いといった経営者にはなっていないでしょうか。逆に、今日は朝から気分がいいので、社用車に乗って突然営業に奔走するなどというのも同じです。気分屋は会社の経営には向かないと思います。個人的なことや趣味のことで喜怒哀楽が変わり、それが経営に影響するようなことなどあってはなりません。

◯何かというと社員をどなる

叱るべき時に社員を叱る、これは必要なことです。叱られる方も、叱られるだけのことをしてしまったと反省することでしょう。ところが、とても些細なことで、社員をどなる経営者がいます。そういう経営者は、社員に恐れられるどころか、器の小さい人間としてバカにされるのがオチです。やがては社員からの信頼はなくなってしまうでしょう。

◯相手を傷つける

相手が傷ついても、それがわからない人、場の空気が悪くなっても、それが感じられない人のことを、デリカシーがないと表現します。最近の、セクハラやパワハラで問題になる人がこれでしょう。自社の従業員に対してだけでなく、取引先の方への配慮は、いくらしてもし過ぎるということはないと思います。

◯いつまでも根に持つ

過去に犯したミスのことを、その後何度も口にしてはネチネチと社員をいじめる、などということはないでしょうか。ミスを犯した社員を小部屋に呼んで、説教を何時間もするというのも同罪です。こうしたことのために、優秀な社員に辞められたら、それは会社には大きな打撃でしょう。

○寝ないで頑張ったが口癖

創業者社長の中には、長時間労働を苦にせず、徹夜覚悟で頑張った時代のことを武勇伝のように語る人がいます。それはそれで立派なことですが、今働いてくれている人たちに、自分たちの過去のやり方を押し付けたり、長時間労働を強いるのは問題外です。そういう人は社員からも、世間からも叩かれます。

○超過勤務手当を支払わない

仕事が早い社員、遅い社員の個人差は、どこの企業においても見られることです。また、仕事の上で社員がミスをしてしまうこともあるでしょう。しかし仕事が遅い、あるいはミスをしたという理由で、超過勤務の手当を支払わないというのはやはり問題です。これは法律違反であるだけでなく、人手不足を助長する早道だと思います。

○休暇申請をする社員に冷たい

有給休暇の取得は、労働者の権利です。申請があれば会社は休みを与えなくてはいけません。もし繁忙期に休まれたら困るということであれば、事前に仕事のシフトや手配の調整は必要でしょう。ところが、休暇申請をしてくる社員をむやみに非難したり、その社員の休暇中の行動に制限をかけたりするような経営者もいるのです。皆さんはそんなことはありませんか。もしそうだとしたら、社員の心は会社から離れていきます。

○社員を平等に扱わない

社員の評価は、常に仕事の成果に対して行うべきです。間接部門の社員に対しても、日々の業務を、正確に誠意をもってこなしてくれていれば、そのことを正しく評価したいものです。そうした仕事の成果ではなく、お気に入りの社員をひいきにするとか、美人の女子社員を特別扱いするといったことをしていると、これまた社員の心は会社から離れていきます。

○社員が尻拭いしてくれても気がつかない

自分の器の大きさを誇示したいがために、「細かいことは気にしない」というタイプの経営者は、本当は社員泣かせの人物であることが少なくありません。実際のところ、経営者の見えないところで社員が後始末をしてくれているのです。社員に余計な負担をかけないよう細部にまで気を配れる人でなくてはいけないと思います。

経営理念を考えてみる

会社の経営理念というと、経営者の中には、何か言葉遊びか見栄っ張りの道具ぐらいにしか考えていない人がいるかもしれません。それは大きな誤りだと思います。会社の経営理念は、企業の成長発展を牽引する重要な要素です。なぜなら、会社の経営理念は経営者の志を会社の内外に示す羅針盤になるからです。

このことは会社の規模に一切関係ありません。たとえ社員が５人の会社でも、経営理念は重要です。今や日本を代表する１兆円企業の、京セラも日本電産も、どちらも社員数名という状態からスタートした会社です。京セラの稲盛和夫さんも、日本電産の永守重信さんも、事業を始めるにあたって、真っ先に経営理念に手をつけたそうです。それだけ会社の経営理念を重要視されていたということです。

私たち中小企業の現在の実態はどうかというと、「あなたの会社の経営理念は何ですか」と尋ねても、曖昧な答えしか返せない経営者が多いのではないでしょうか。むしろ、日々の仕事に追われていて、しっかりと会社の経営理念が考えられていないのではないかと思います。

それでは駄目だと思います。経営理念は経営者の行動原理であり、組織の力をひとつの方向にまとめていくために大きな力を発揮します。会社に経営理念を掲げることは、経営者の重要な仕事です。決して軽んじてはいけないと思います。

ところで、経営理念と一口に言っても、千差万別です。1万社の会社があれば、1万種類の経営理念が存在します。その中には、多く雇用したい、売上を上げたい、利益を生み出したい、会社を継続させたいといった、直接的な内容のものもあれば、企業の活動を通して社会に対してどういう貢献をしたいのかを示しているものや、人としての生き方を追求するものもあります。どれもすばらしいと思います。会社や経営者の個性がよりよく表現されているものなどを拝見すると、思わず襟を正したくなります。

忘れてはいけないことは、会社の経営理念を、経営者一人が思い描いているだけでは何の役にも立たないということです。なぜなら、会社の経営理念を、社員や社外の関係者と共有することによって、初めて意味を持つからです。立派な経営理念があるにもかかわらず、経営者と関係者の間で経営理念が共有されていない中小企業は、少なくないのではないでしょうか。

会社の経営理念を、少なくとも社員が理解していないと、何を基準に判断し、何を拠り所にして仕事をしてよいのかわからないままです。それだけでなく、開発すべき新商品や販路開拓の方向性も曖昧になったまま、ということにもなるでしょう。

できれば、具体的な経営理念であることが望ましいと思います。具体的であればあるほど、全員が共有しやすいからです。今年入社した新人にも理解できることが重要だと思います。

また経営理念に込められた意味を、経営者自身が社員に話して聞かせることも大切でしょう。言葉に、気持ちが添えられると迫力を増し、一層効果が高まるはずです。

経営者の中には、会社の経営理念などなくても、社長が会社にいれば問題ないと考える人がいるかもしれません。それも困りものです。経営理念は、経営者そのものではありません。経営者が交代しても、あるいは病気で療養していても、経営理念は厳然と存在していなくてはなりません。

経営理念がない会社では、経営者が会社から離れた途端に経営判断にブレが生じて、経営が弱体化してしまうこともあるのです。悪くすればそのことが元で、倒産の危機に瀕するかもしれません。会社の経営理念は、安定経営を支えるための大切な経営資源だと考えるべきではないでしょうか。

II

経営数字に本気で強くなる

経営者の能力は数字力で決まる

経営者の能力があるかないかを見る手がかりはいろいろあると思いますが、会社の売上や利益を大きく左右させる点では、数字に強いか弱いかであると私は思います。

そう申し上げる私は、決して経営数字に精通しているわけではありません。25歳で会社を始めた頃は、財務諸表の何たるかもさっぱり分からず、少しずつ体得してきました。

たとえば私の会社で新しい機械を導入することになった時、銀行からいくら借り、それを月々いくら返済するのか、そのために毎月売上をいくら高めるべきか、といったことをパ、パッと計算し、決断、実行してきました。

今でも、公認会計士の先生や財務の専門家の方のように、経営分析に長じているわけではありません。ただ、どの数字を見て、何を判断すればよいかのポイントだけは掴んでいるつもりです。

そんな私ですらはっきりと断言できることがあります。それは、中小企業の業績は、経営者の数字力で決まるということです。その点、読者の皆さんはいかがでしょうか。

たとえば、損益計算書や貸借対照表を見ても、よくわからないということはありませんか。

毎月の月次決算は行われていますか。月次決算書を見ていないということはありませんか。

そうした財務諸表を手がかりにせず、勘や経験で動いているということはありませんか。

経営に関する数字に関しては、経理部の社員や外部税理士に任せてしまってノータッチ、ということはありませんか。

会社の経常利益がどのように推移するか、この先わからない、ということはありませんか。

他にも経営数字に関して自問自答すべきことはありますが、少なくとも以上のようなことに少しでも思い当たるようでしたら、大きな問題です。

会社の数字は、医療の世界にたとえれば、血液検査や尿検査の結果や血圧や心電図の数字のようなものです。お医者さんがそれらの検査数値を見て疾病の予兆を見抜けないとしたら、まさに医者失格です。経営数字が読み取れない経営者は先々不安を抱えながら経営していくことになるのです。

その反対に、経営者が経営数字に明るければ、自分で経営診断ができるので、会社の経営課題を的確に発見し、適切な手を打つことができるのです。

経営数字と目標設定

中小企業を経営するにあたって、社長の仕事はとても大切です。会社を倒産させないということはもちろんですが、優れた業績を上げることができるかどうか、さらには会社経営を通して、社会に貢献できるかどうかも、社長が正しく社長の仕事をしているかどうかにかかっていると思います。

私が会社の経営に携わっている間、私自身が正しく社長の仕事をしてきたかどうかについては、なかなか断定的なことは言えません。ただ、会社を衰退させずに続けてきたことは、私の自信の拠り所になっています。

会社を一から立ち上げ、経営を安定させるのはとても大変なことです。でも、せっかく会社の経営がうまく軌道に乗ったにもかかわらず、社長が果たすべき仕事をしていないことが理由で、会社が衰退してしまうということも現実にはあると思います。それは、従業員、取引先、お客様のことを考えると、まことに罪深いことだと思います。

ここで、社長の仕事とは何なのか、私が思うところを整理していきたいと思います。

先ほども述べましたが、まずは会社の経営数字を正しく理解することです。ごく当たり前の話ですが、会社の業績が良好なのかどうかを判断するためには会社の数字を理解しなければなりません。会社の経営数字は、つまり情報です。事業を続けていくうえで欠かせない重要な情報が、経営数字には詰まっています。

会社の数字の最大の理解者は社長自身でなくてはなりません。「私は数字にうとくて」と、社長が会社の数字を大切にしていないような言葉を日頃から口にしていると、社員の皆さんも売上高や利益率など数字に対する関心が希薄になってしまうからです。

社長は数字に弱いから、経理部の責任者が経営数字をしっかり見ている、という会社もあるかもしれませんが、大きな経営上の判断を下したり決済をするのは経理部の社員ではなく社長のはずです。経理部任せがまかり通るはずがありません。

そして、会社としての目標を定めるのも社長の仕事です。これも当たり前のことですが、目標がなければその場しのぎや出たとこ勝負の会社経営に陥ってしまいます。だから目標は不可欠なのです。

ただし、実現不可能な目標だったり、逆に易々とクリアできるような目標は困りものです。そのように目標設定が誤っていれば、会社の成長は危ういものになってしまいます。会社の現状に即した、正しい目標設定が絶対に必要なのです。

では、会社として目標とは、具体的には何でしょうか。最もわかりやすいものは、私は利益だと思います。利益は、事業の基盤を整備するためにも、会社が成長していくためにも欠かせないものです。そして何よりも、会社で働く者全員にとって「飯の種」が利益です。

ちなみに、会社としての目標は利益だけに限る必要は必ずしもないと思います。生産台数や来店客数やミシュランの評価、あるいは経営理念など、目標というものの捉え方は、会社によって千差万別でしょう。大切なことは、これは他人任せにはできない大切な社長の仕事であるということです。

会社としての目標が定まったら、それを具体的な計画にして実行することです。

計画するのは経理部の仕事で、実行するのは社員だ、などと考えてはいけません。計画と実行も、大切な社長の仕事です。

先ほどの利益という目標の話で進めましょう。計画をするためには、現状として獲得できている利益と、目標利益との間にどれだけの開きがあるのかを把握することが不可欠だと思います。

利益率の目標を15パーセントとした場合、現状の利益がそれに達していない理由はどこにあるのかを探ることが必要になってきます。それは、いわば、利益獲得を阻んでいる経営課題の発掘でもあると思います。それは何なのか、コストのかかり過ぎなのか、価格設定がおかしいのか、過剰値引きなのか、生産性が低いのか等々。

こうした経営課題をつぶしていくことを盛り込んだ計画を考え、それを実行していくわけです。

経営の計画作りと実行は、社長という立場で仕事をしている限り続く、最大級の仕事といっても過言ではありません。

さらに、社長の大切な仕事の一つに、将来構想の構築ということがあります。

「毎日の実務や資金繰りに精一杯で、将来のことなんか考えている余裕はない」と口にする社長は、私の知り合いにも数多くいましたし、私もある時期はそのような弱音を吐いていた記憶があります。

これでは社長失格です。一般社員が目の前の仕事に取り組むことに精一杯で、遠い未来の会社の姿を思い描くことはできないというのは仕方のないことです。でも、社長はこれではいけません。

社長は、１年先、３年先という近い未来はもちろん、10年後、20年後という将来には、会社はどういう事業を展開していくのがよいのかの将来構想を築くことが大切です。その際、これからの経済環境の変化や技術革新など、何がどう変化していくかを先取りできればベストです。

数字を正しく理解する

中小企業の経営において、経営者自身が経営判断でぐらついているとしたら、これほど恐ろしいことはありません。なぜなら、経営者の経営判断のミスで、会社がおかしくなってしまうことが多いからです。それも、結構小さな判断ミスでも、思わぬ結果を招いてしまうことが多々ある、というのが私の実感です。それに、経営判断がぐらついているような社長のもとで、働き続けたいと思う社員はまずいないでしょう。何も決められない、迷いが多くて右往左往していたら社員は「頼りない社長やな。うちの会社、大丈夫やろか」と不安になって、仕事に集中できないかもしれません。

では、常に経営判断を正しく行い、自信をもって経営にあたるには、どうすればよいでしょうか。

私は、やはり数字だと思います。会社の数字を正しく読み、理解することが基本であると思います。なぜなら会社の数字には自社の活動のすべての結果が表れているからです。

といっても、経理部や財務部の社員のように、財務諸表の隅々まで知りつくす必要はありません。自社の業績をしっかりとチェックするだけで、しかもそれを習慣化するだけで充分だと思います。

ただし、漫然とチェックするのではなく、最低限のチェック項目はしっかり理解したいものです。現金と純資産、売上、売上原価、売上総利益、販売管理費、営業利益、税引き前当期利益です。月次決算の結果が報告されている会社なら、その費目もチェックします。こうした経営数字を、前月と比べてどうか、前年同月比はどうかなど、自社を診断するつもりで見るわけです。

こうして、経営者としての経営判断と会社の数字を突き合わせることが習慣化すると、経営判断の精度は高くなります。自信もついてくると思います。

利益を上げるために取り組むこと

言うまでもないことですが経営する限りは、儲けなければなりません。毎日の仕事で、できるだけ多く売上を上げて、なおかつコストをできるだけ引き下げることです。この二つを同時に成し遂げるのが商売の根本であり事業活動の基本です。つまり、この二つを同時に成し遂げることによって、利益が生まれるのです。

売上はまずまず上がっているにもかかわらず、利益が出ていないという状態では、会社の成長発展は望めません。

利益を上げるうえで経営者が見るべき利益は、本業の儲けを示す営業利益です。営業利益は、売上総利益ではありません。売上総利益つまり粗利から、経費を差し引いたものが営業利益です。粗利のことを利益と呼んで、利益が出ていると喜んでいる社長がいるとしたら、これは大いに問題です。たとえば、売れば売るほど赤字が増えるような商品を売っていると、確かに粗利は上がるかもしれませんが、赤字経営に転落してしまうリスクがあるからです。

粗利から経費を差し引いた本業の営業利益、つまり真の儲けがどの程度あるのかわからないことには、利益を上げるための采配などできるものではありません。中小企業が利益を上げるためには、経営者が見るべき利益である「営業利益」をしっかり見なければなりません。

そして、営業利益（経常利益でももちろん構いません）をどれだけ確保するかという、利益目標を持つこと、これもまた大変重要なことです。中小企業、零細企業の中には、利益目標を掲げていないところが少なくないと思います。

一般に、目標を持つということは、言い方を換えれば、現状がそうなっていないということです。たとえばオリンピックに初出場しようという目標を掲げる選手は、現状はオリンピックにはまだ出場できていないということを意味します。オリンピック出場という目標を掲げることで、そこに到達するために克服しなければならない課題が明確になる、課題を明確にする、これが目標を掲げて努力することの大きな意味なのです。

企業の活動も同じです。利益目標を持つと、その目標に到達するためにはどんな課題が立ちふさがっているのか、その課題をつぶすためには、何をするべきかが明確になっていきます。

利益を上げるために、売上の計画を立て、仕入れの計画を立て、一般管理費や人件費の計画を立て、コスト削減が必要な場合は然るべき手を打ち、という具合に、具体的な事業行動をしていくわけです。

また、利益を確保するためには、商品・製品の付加価値にも着目しなければなりません。利益とは、付加価値の金額でもあると思います。

付加価値の追求は、会社が10社あれば10通りのやり方や考え方があると思います。製品の用途、製品の機能・性能、デザインなどどこに付加価値の重点を置くかは、私たち中小企業が大いに工夫できる領域です。

中小企業は、大企業のようにスケールメリットもなく、大商圏商法を取ることも困難なことが多いです。しかし、大企業の参入がない、比較的マーケット規模の小さい市場、いわゆるニッチ市場で、付加価値の高い製品で勝負をすれば、息の長い商品展開がしやすいでしょう。

私が経営に携わってきた会社は、ショッピングバッグなどの紙工を本業としてきましたが、この分野もいわばニッチな市場といえます。高い技術力や独自のノウハウで、製品の付加価値を高く維持することの醍醐味は、大いに実感できたという自負があります。

利益を上げるための確実な方法として、顧客の固定化・特定化も大切だと思います。自社製品を購入されるお客様のうち、固定客が占める割合が高ければ高いほど利益確保は容易になります。なぜならば、固定客が多いということは、それだけ新規客の獲得に費用や時間を割く必要がないので、大幅なコストダウンが見込めるということが一つ。それに、固定客の購買金額と購買頻度が、新規客よりも多いということが一つです。

生産効率向上に関する落とし穴

新しく機械を導入して一定時間の生産効率を高めたり、従業員の作業スピードを早めるなどの手を打つことによって、たとえば今まで1時間に500個作れていたものが、800個作れるようになります。これは量的な生産性が向上したことになります。

けれどもその300個増産できた分が、これまでの500個とまったく同じ値段で売れていかなければ、生産性を向上させた意味がありません。依然として500個しか売れない、値下げをしないと売れないということになると、この生産性向上はマイナスに働く結果になってしまいます。

現実の問題として、より多く売るために価格を下げ、だからといってそう簡単には販売量は増えませんから、さらに価格を下げてしまう。そうすると利益率は下がってしまうという事態が起きているのです。昨今の、ものの売れない時代の現状はそういうことです。

大企業ならば、資本力にものを言わせ、また大商圏商法をほしいままにして、価格を下げても量で勝負ができる可能性は高いでしょう。ところが中小企業はそういきません。

ですから、一定時間の生産量を増やす、という生産性向上の考え方ではなく、品質と付加価値をいかに高めるかということに注力するべきだと思います。つまり、価格を上げても買っていただける、それに見合う製品を生み出すということです。

たとえば、工場でランニングシューズを生産しているとしましょう。これまで小売店での販売価格が15000円だったシューズを改良し、たとえば20000円で買っていただくにはどうするか、ということです。

5000円も高くなるわけですから、それに見合った品質の向上が求められます。中距離だけではなく長距離の競技に完全に対応できるようにするため、長時間走行でも疲れない構造にする、ソールの材質を硬くしてしかも薄くするなど、走りやすさを高めなければいけません。

またそうした商品力の向上に対応させて、小売店での訴求方法についても新たに戦略を練ることが求められるでしょう。ただし、商品力を向上させたからといって、製造原価を比例的にアップさせるわけにはいきません。

販売価格20000円のシューズが、15000円のシューズの8割の生産量でも利益が保てるような原価計算、粗利計算を成立させる必要があるでしょう。

このような、量で勝負するのではない、いわば価値向上への質的転換が、私たち中小企業が模索するべき生産性向上ではないかと思います。

経費を見直す

私たち中小企業にとって経費の削減は、常に意識して取り組むことだと思います。なぜなら、中小企業が厳しい経済環境で生き抜くには、他の会社よりも経費をかけずに、しかも高い品質の商品やサービスを提供していかなければならないからです。

では、失敗しない経費削減を実行するためにはどんなことに気をつければよいのでしょうか。初めに行うことは、会社の経費がどのように使われているのかを充分に把握することです。当然のことながら、経費の使い方は会社によって異なります。自社に適した経費削減を行うためには、どのような経費が、どの程度使われているのかを分類項目に分解して集計することが不可欠です。その分類項目は、たとえば次のようなものです。

○事務経費、消耗品費、工場やオフィスの環境・家賃
○福利厚生費・研修教育費、旅費・出張費、交通費
○郵送費・輸送費、通信費、広告費、新聞図書費
○電気、ガス、水道等の光熱費、車両費

経費の集計が終わったら、その経費が適正かどうかを見極めないといけません。もし経費の水準が合格ラインを維持していた場合、過度な経費削減をする必要はありません。「とにかく経費削減をやるべし」と、闇雲に削ったりすると、それが業績に響いてしまうこともあるからです。

自社の経費の水準がどの程度かを見るには、売上総利益と経費との対比をし

てみるとよいと思います。

（総経費÷売上総利益）×１００

という計算をしてみて、それが80パーセント以下なら良好でしょう。もし、この数字が１００パーセントを越えていたとしたら、利益よりも経費が多い、つまり赤字経営ということなので、問題外です。そうでなくても、１００パーセントに近いようであれば、経費削減を急いで進めないといけないと思います。

先ほども申しましたように、経費の使い方は会社によって様々ですが、できるだけ年間集計金額が大きい部分を対象にして削減に取り組むのが賢明です。それは削減することによる寄与率が高いからに他なりません。また接待費のような、費用対効果が見込めない経費も削減対象として常に意識することも大切だと思います。

ところで、経費削減のアイデアを社員から募集することも一つの方法だと思います。ただし、かけ声だけではなかなかアイデアが集まりませんので、これはいけると思える経費削減アイデアの提案者を表彰したり、報償を与えたりすることも大切です。

注意したいのは、商品やサービスの品質を劣化させてしまう経費削減や、社員の安全を損なう経費削減、さらに社員の勤労意欲を下げてしまう経費削減は、絶対にやってはいけないということです。もし、経費の削減をした結果、何かそうしたマイナスの面が出てきたら、即刻見直しをする必要があるでしょう。

在庫の良し悪しを理解する

ものづくりをする中小企業では、在庫を保有する問題は避けられないと思います。製品の在庫を多めにストックしておくことには良い面と悪い面の両方があります。

まず、在庫を保有することの良い面としては、
○受注をしたらすぐに納品でき、品切れを起こさないで済む。

〇お客様の大量発注にも、在庫でまかなえる。

〇お客様が現物を手に取って確かめてから購入できる。

〇もし納品の途中で製品が破損し不具合が発生しても、あるいはお客様から交換の要請があっても、すぐに代品を届けることができる。


一方、在庫を保有することの悪い面はどうでしょうか。ここでいう在庫の保有とは、いわゆる過剰在庫のことです。


〇廉価販売や廃棄をすることになり、損失が発生する。

〇在庫として保有しているうちに、製品の品質が落ちる場合がある。また在庫保有期間が長くなると、製品自体が時代遅れになってしまう場合がある。

〇保管のためのスペースが必要となり、床や通路に製品を置いたり新たに倉庫を確保したりする必要に迫られる場合がある。

〇在庫している製品の運搬や棚卸など、無駄な作業が発生する。

〇在庫を保有すると、その維持、管理、処分などのための費用が発生する。


在庫という存在が会社の資金を消費させる。

○棚卸資産である在庫は、資本の固定化である。その資本からの利益率はゼロとなり金利の負担が増える。

このように、良い面と悪い面の両方がありますが、やはり悪い面に注目しておくのが賢明だと思います。特に、在庫を維持するための費用やキャッシュフローの減少は、日々の仕事に直接的な影響がないために、よく見過ごされると思います。

在庫計画には、まず経営者の方針ありきだと思います。会社として何を重視するか、どの程度の在庫をもつか、方針を明確に決めておくことが大切だと思います。

多くのことを語る月次決算

会社の決算は、大抵の場合年に1回行います。会社によっては半期ごとに決算を行うところもあります。皆さんの会社ではいかがでしょうか。この決算ですが、年に1回や2回では、会社の財務状況をタイムリーにつかむことが難しい気がします。やはり月次決算をするのが望ましいと思います。「中小企業で月次決算は必要ないのでは？」などと思わないでください。中小企業だからこそ月次決算が大切なのです。

ここでは、その理由を考えていきたいと思います。

○会社のお金の動きが明確になる

毎月毎月、財務状況をチェックできるのですから、今月と比べて来月はこういう手を打とうなどと具体的な対策を立てることが可能だと思います。

○計画の修正がしやすい

半期ごとの、あるいは通期ごとの事業計画は、一度組み立てたら変更しない方がよいなどということはありません。売上の計画にしても経費の計画にしても、軌道修正すればよいのです。月次決算を行って決算の概況を見て、たとえば売上が伸びていなかったり経費がかかりすぎていたりなど問題があれば、すぐに翌月の対策を講じることができます。

○節税ができる

月次決算によって毎月の財務状況をつかんでいると、たとえば消耗品や備品の購入時期も細かく検討することができます。本決算や半期ごとの決算では、そういう小回りの利いた策は講じられません。

○会社への信頼度が増す

月次決算をきちんと行っている会社は、そうでない会社に比べると取引銀行は好印象を持つはずです。外部からの信頼を築きやすいことも月次決算の効用だと思います。

ところで、月次決算を行っていなかった会社の経営者が、急に月次決算の重要性を認識し、「来月から月次決算をしなさい」などと経理部に命じたりしたら、経理部は困惑します。月次決算を導入するのであれば、それなりのルールの変更が必要です。まず、売上、仕入れ、経費などの伝票関係の締め日を明確に設けなければいけません。棚卸も毎月定期的に実施する必要があります。他にも、決算書類を作成する部署（経理部）が月次決算を実施しやすい環境を作ることも大切だと思います。

失敗の教訓を活かそう

私たちが運営する会社組織は、法務局へ「会社設立届け」を提出し、それが受理されると会社組織としてみなされます。また、個人事業主は税務署に「開業届け」を提出すると事業運営者としてみなされます。

そして法人、個人事業主いずれの場合も、倒産してしまうと破産申請をすることになります。そんな事態は絶対に避けたいものですが、世の中には、起業した企業のうち5年以内に倒産する企業が、何パーセントあるかという、会社生存率を算出している人もいるそうです。そういう数字は縁起が悪いのでできれば見たくありません。しかし、数字データが示唆してくれることは、経営者として参考にしないといけないと思います。つまり、会社生存率のデータ通りに倒産する中小企業の倒産理由は何かということです。

○資金ショート

大半の倒産企業は、資金のショートで倒産します。社員に給料が払えない、取引先に仕入れの支払いができない、銀行に借入の返済ができない、税金を納めることができないなど、とにかく資金が底をつくと全てが終わります。資金ショートの原因は、売上の不振や経費がかさんでしまうことですが、他にも、売上があっても長期の回収条件などの理由ですぐに現金化できない、借入金の返済など、費用として計上されない現金での支出が多い、売掛金と買掛金の回収、支払いのバランスが悪いといったことでも資金ショートは起こります。倒産した企業の原因の90パーセント以上が、資金ショートなのだそうです。

○時流適応ができない

倒産理由のもう一つは、時流に適応できない、つまり流行りに乗れなかったということです。

私たち企業が生み出す製品やサービスは様々ありますが、それらの浮沈を左右するブームがあります。そのブームに乗れない企業は売上が落ち、衰退していくと思います。

たとえば、飲料メーカーを例にしましょう。昔は、飲料といえば全部ビン詰めで販売されていました。そこに缶入りが登場し、缶入りもしだいにスチール缶のほかにアルミ缶が幅を利かすようになりました。また、牛乳や酒のように紙パック入りも普及してきました。さらにペットボトル飲料が登場し、今やペットボトル飲料は、容量も中身もまさに百花繚乱の様相を呈しています。これらは、少し長めの時流の一つです。もし、飲料の製造会社がペットボトルに対応することができないとしたら、その時点で時代に乗って行くことはできません。つまり同業他社にお客様を持って行かれ、倒産することになってしまいます。

時流、ブームの中には、もっと短期的に変化するものもあるでしょう。ファッション業界や化粧品業界は、年ごとに、または季節ごとに時流適応に迫られています。むしろ、時流を作り出しているといった方が正確かもしれません。

このようなブームの話はうちには関係ない、などと思っておられる経営者は、もうその時点で時流に乗れないダメ経営者だと思います。私たちの業界、ショッピング袋の製造の世界でも、形、色、重量、持ち手のデザイン、柄など、様々な変化や革新があり、その変化を読み、時には先取りすることが不可欠です。時流に適応することは、すべての中小企業にとって、決して人ごとではないのです。

資金ショートも、時流適応の問題も、倒産企業が私たちに語る失敗の教訓です。企業経営を成功させる秘訣も重要ですが、人が過去に失敗した情報を活かすことも、会社経営を成功に導く秘訣だと思います。

経営数字に強くなるための手順

経営者として数字に強いというのは、計算が得意だとか数学的な思考ができることではありません。経理・財務上の過去の数字を分析し、その結果について考え、今のとるべき行動を決め、今後の目標数字を達成することができる、それが数字に強いことだと思います。反対に、数字に弱いとどうなるかというと、山勘で経営をしたり、行動が伴わなかったり、そして当然のことながら売上も利益も上がらないということになるでしょう。ここでは、経営者が数字を自由自在に活用できるようになるための手順を考えていきたいと思います。

○利益目標を数値化する

たとえば、陸上競技の短距離選手が、タイムを縮めたいと思っていたとします。その際、「１００メートルをもっと早く走りたい」とだけ思っている選手など一人もいないでしょう。具体的に「１００メートルを10秒で走れるようになりたい」という具合に、明確に数字で目標を掲げるはずです。

経営も同じだと思います。「もっと利益を出したい」というだけでは実現しにくいのです。たとえば「最終の経常利益５０００万円」という具合に、明確な数値で目標を持っていることが大切です。

しかも、売上目標ではなく利益目標なのです。多くの経営者は売上の目標は持っているのですが、利益目標を設定していないところが多いのではないでしょうか。利益目標を明確に持っている、またはその利益目標を達成するためには売上高はいくら必要かということを明確にしておくことが大切だと思います。

○現状把握も数字で行う

先ほどの陸上競技の話の続きです。「１００メートルを10秒で走れるようになりたい。でも、今の自分のタイムはわからない」などという選手がいたら、その選手のことを誰もがおかしな選手だと思うでしょう。今、100メートルを15秒で走っているとしたら、100メートル10秒という目標達成は困難ですが、100メートルを10秒台後半で走っているとしたら、目標達成は努力やコンディション次第であり得るでしょう。いずれにしても、今の自分の数字が明確だからこそ話が前に進むのです。

経営も同じです。今期の売上、利益がいくら出ているのか、経費はいくらかかっているのか、現状の把握をすべて数字で行う必要があります。そうでないと意思決定ができません。関西でいう「儲かってまっか」「ぼちぼちでんな」という曖昧な表現は、社交辞令の域に留めておくべきでしょう。

○現実的で適切な期限を定める

「今のタイムは、100メートル11秒である。100メートルを10秒5、これを1年後の世界選手権までに達成したい」という選手。彼はもしかしたら目標を達成するかもしれません。なぜなら目標達成の期限が現実的で、おそらく適切だろうからです。この選手が、「来月までに」とか「15年後に」と言っているとしたら、ほとんど現実味は帯びてこないでしょう。

経営に話を戻しましょう。最終の経常利益5000万円という目標に対して今の経常利益が3000万円だとします。頑張り続けて、最終の経常利益5000万円という目標を達成できたのが、もし20年後だとしたら遅すぎます。また、今週中に達成するなどということは、期限としてはむちゃくちゃでしょう。

このように適切な期限を設けるということが大切です。特に、「適切な」という言葉が意味するところがミソだと思うのです。つまり、現状と目標との隔たり具合を考えて、期限を適切に設定することで最適の目標を設定するということなのです。ただし、もろもろの必要条件が整えば、思い切ったことをやってみることも考えるべきでしょう。たとえば、社員の力がついてきたとか、新しい機械を導入して稼働が始まったとか、マーケットが広がったとか、競合先が倒産したなど、チャンスが広がれば事情は変わると思います。

○何に着手するかを判断し決める

利益目標を数値化し現状把握を数字で行えば、今、会社が抱えている課題がわかってきます。この課題を適切な期限のうちに解消して目標を達成する、そのためには、何らかの行動を起こすしかありません。

目標の経常利益との差額が2500万円ならば、増益のために何に着手するのか、たとえば新規顧客を開拓して生産量を増やすのか、既存の顧客に働きかけてその年間購買金額を増やし、生産量をアップさせるのか、といったことです。あるいはその両方に着手するという選択もあるでしょう。大切なことは、現状の課題に対してやるべき行動を決める、やらないことを決めるということだと思います。

○定期的に数字を見る

体重を落としたいと考えている人は、食事の内容を変え食事の際に何から口に入れるかの順番に気をつけるなど、ダイエットに務めます。そして体重計には毎日乗ります。この毎日体重計に乗るという行為は、定期的なチェックに該当します。この定期的なチェックは、経営においても不可欠であり、経営数字に強くなるための秘訣だと思います。

つまり、課題を解決するために着手しようと決めたことを確実に行っているかということと、その結果、利益目標に近づいているか、これらをチェックするわけです。目標を定め、行動に移し始めたからといって、あとは順風満帆なということはありません。何か変更する必要が生じることがあるでしょう。そうした軌道修正も、すべて数字の上から判断するわけです。

○数字を尋ね、数字で発言し、数字を浸透させる

「今日は売れたか？」

「はい、たくさん売れました」

「昨日と比べてどうや？」

「昨日よりもたくさん売れました」

「それはよかった」


もしこんな会話を経営者と従業員とが交わしていたとしたら、ゾッとしますね。この会社に未来はないでしょう。売上の報告、生産量の報告、前年比、前月比、追加生産等々、経営者と社員同士が話をする時は、必ず数字で会話をしないといけないと思います。数字で会話をすれば誤解が生じることもありません。また、数字を社員に尋ねることを習慣化していれば、社員の経営感覚も育ってくるはずです。

○熱意と信念が数字を後押しすると考える

「どうしても2階に上がりたいと、そこに強い熱意を燃やす人が、梯子《はしご》を考え出すのである」

これは松下幸之助さんの言葉です。この言葉は、経営数字について考える際にも決してないがしろにできないことを示していると思います。

目標の経常利益が5000万円、現状とのギャップ、つまり課題が明確で、その解決のための行動を続ける、というのが今までお話ししてきたことですが、実は最も大切なのは、経常利益を5000万円にして、経営者として何を成したいのかということです。

つまり、数値目標の裏に強い信念から導き出される動機や熱意が存在しなければならないと思います。そうでなければ、ただの銭の亡者で終わってしまうでしょう。このことは、経営者自身だけでなく社員や取引先などにも当てはまるのではないでしょうか。数値目標は手段なのです。手段である数値目標とともに、本来の目的としてどんな会社を実現したいのか、わが社の役割は何なのかを考え、それらを言葉に表現できることが肝要だと思います。そして数字に強くなるとは、そうした経営哲学の裏付けに後押しされてこそのことだと思います。

無論、それは一朝一夕に成し得ることではありません。かく言う私も、自分の経営者としての使命から経営数字を追求してきたかどうか、はなはだ怪しいところです。ですからこのことは、お互いの努力目標だなぁと思います。

資金繰りの基本とは

「支払い期日が迫っているのに手元に現金がない」「銀行への返済が間に合わない」など、会社の資金繰りに悩む経営者が少なくないと思います。何としてでも現金を用意しないと会社は倒産してしまいますし、経営者も一緒に自己破産をしてしまうかもしれません。一刻も早く、金融機関に融資を申し込む必要があります。また、最初に事業を始める時や、自社に設備を導入したいような時には、まとまった資金が必要になります。私たち中小企業のために、そうした借入れの要請に応えてくれる仕組みが、銀行や政府系金融機関などにあることは、皆さんもよくご存じだと思います。

もちろん、金融機関は融資が仕事の一つといっても、誰にでも気安くお金を都合するわけはありません。お金を貸してもらうためには、「貸しても大丈夫」と判断してもらうことが不可欠です。ここでは、そのための基本的な事柄を確認しておきたいと思います。

○決算書を整える

金融機関は、融資を受けようとする会社の決算書を必ず見ます。金融機関は会社を格付けしていますが、その格付けの根拠となるものの一つが決算書です。格付けが上位の会社は、成績優秀ということで、融資が受けやすくなります。

では、金融機関はどのような観点から決算書を見て評価をするのかというと、四つの観点があります。

①収益性：利益が生み出せるかどうかです。黒字決算でないと、極端に不利

になります。

②安定性：流動資産と流動負債のバランスや自己資本比率などです。

③成長性：売上の規模と伸び方です。

④返還能力：借りたお金を返済できるかどうかです。

これらの詳しい内容の説明は、公認会計士や取引銀行の担当者に譲りますが、要するに、これらの指標をもとにして、自社が要注意の企業とみなされたら、金融機関から融資を受けることは絶望的です。

また、こうした格付けを上げるために、実際よりもよく見せる小細工、つまり粉飾をする会社があります。そんなことをしても、大抵は金融機関に見抜かれてしまいます。

そもそも、私たちが誰かにお金を貸してほしいと言われた時、相手に「何に使うのか」「返せるのだろうね？　いつ返してくれる？」と尋ねるはずです。これは金融機関も同じです。融資を受ける目的と返済するための財源を尋ねない金融機関はありません。「赤字になりそうだからお金を貸してほしい」などという理由は、絶対に通りません。「顧客の要望に対応するため、設備投資したい」などといった、健全な資金使途が示されることが基本だと思います。

○金融機関に財務情報を定期的に提出する

融資をしても大丈夫かどうかの判断は、日頃の情報提供も影響します。会社の業績や資金繰りの状況は、包み隠さず情報提供しましょう。

○納めるべきものは確実に納める

税金を滞納している会社は、信用されません。他にも社会保険料や公共料金をきちんと支払っていない会社は、融資対象から外されてしまいます。

○関連会社は疑われる

私が経営者として仕事をしていた期間のうちに、全部で6社の法人を立ち上げました。それらはいわゆる関連会社です。皆さんの中にも、事業の本体に関連する会社を複数社、運営されている方がいらっしゃると思います。注意しなければならないのは、その関連会社については金融機関に対して公明正大であることです。

つまり、関連会社の事業内容や財務状況を金融機関に進んで説明することが大切だと思います。なぜなら、金融機関は、資金が関連会社に流用されるのではないかという疑いの目を向けることが多いからです。資金繰りに困った会社が、ダミー会社を通じて融資を受けようとするケースが、実際に多いのです。

○不動産を担保にすることにも注意を払う

不動産を担保にしてお金を借りる場合があります。気をつけないといけないのは、担保の価値が高いからといって、金融機関が必ずお金を貸してくれるとは限らないということです。もし会社が倒産するような事態になった場合、担保になっていた不動産を金融機関が処分して資金を回収するとなると、それは結構大変な手間です。また、そういう無慈悲な方法を、金融機関は率先してやりたがらないと思います。資金調達計画を立てる際には、担保に頼り過ぎないようにする方がよいと思います。

○直接金融機関を訪問しない

初めて融資をお願いする場合です。口座を持っている金融機関だからといって、直接訪問の約束の電話をして訪問するのは控えた方がよいと思います。なぜなら、よほど資金繰りに困っているのでは？と金融機関は考えるからです。必ず、担当の税理士や信頼のおける知人の紹介という形をとることをお薦めします。そういう手順を踏めば、金融機関の側も新しいお客様と接触ができたと考え、真摯に対応してくれると思います。

〇商工ローンや消費者金融には手を出さない

商工ローンや消費者金融のような、金利が高いところからお金を借りていると、金融機関から融資を受けることが難しくなると思います。なぜなら金融機関は、そのような高金利のところに手を出している会社は要注意のところだとみなすからです。

III

社員を本気で育てる

社員が辞めない会社を作る

私が経営の任に当たっていた時代、わが社の社員の定着率はかなりよかったと思います。それは私という人間の徳のなせる業だったとは決して申しません。

ただ私は、社員に対し三つのことをしてきました。

①所帯を持たす

②家を持たす

③健康に気を付ける

近年、若者の晩婚化という現象が起こっていますし、結婚のことを持ち出そうものなら「社長、そんなこと放っておいてください」と言われるでしょうが、私の会社の社員になった限りは、伴侶を持ち、公私ともに幸せになってほしいと願っているからです。

ですから、かつては年頃の社員がいたら結婚の相談を受けたり、見合いの世話をしたりしました。仲人を引き受けたことは数えきれません。

②の家を持たす、ですが結婚して子供ができれば、マイホームを持ちたくなります。でも中小企業に勤めていては住宅ローンを返せないかも、となかなか踏み出せない社員もいました。そこを「うちの会社は絶対潰さないし、昇給もする。お前さえ頑張れば、ローンは返せる」と背中を押してやりました。私の言葉を信じて多くの社員はマイホームを持ち、仕事も頑張ってくれました。おかげで所帯を持ち、マイホームを持った社員は今も元気に働いてくれています。

そして健康に気をつけるというのは、私自身のことではなく、社員の健康です。中小企業では社員の健康にまで気を使っていられない会社もあるのですが、私は社員の健康あっての会社と思っているので、健康診断は必ず受けさせ、全員が受けたかどうか、必ず私がチェックするようにしました。

これくらいのことではありますが、社員に声をかけ、部下ではあるが働く仲間、家族と思っていましたから、みんなも期待に応えてよく働いてくれました。そして途中で辞めることなく勤続年数が他社より長かったのは事実です。

一般に社員が辞めるということは、その企業にとっては大なり小なり痛手です。社員がほとんど辞めない状況と、時おり社員が離脱してしまう状況とを比較してみてください。社員が離脱してしまう会社は、生産性や利益確保や仕事の付加価値という面で、大きなマイナスが生じると思います。しかも、社員が辞めるということは、辞めた社員の穴埋めをする求人・採用の費用、採用した社員を教育する手間や費用、さらにその新人が一人前になるまでのロスタイムなど、コスト増につながる要因が発生してしまうのです。

仮に会社の全社員数を２００人としましょう。この２００人体制が出来上がるまでに、何人の人を雇用したのでしょうか。決して２００人ちょうどではありません。その何倍かの人を採用し、退職してはまた採用し、ということを何度か経てきたはずです。

社員がコロコロ辞めていく会社なら、現状の２００人を維持するために、実際に２００人の数倍、あるいは10倍近い人の雇用・離脱を繰り返してきたのではないでしょうか。そう考えると、社員が辞めない状況、言い換えれば社員が満足して働くことができる環境を整備することが、いかに大切かということがわかると思いますが、いかがでしょうか。

社員がコロコロと入れ替わる会社は、今述べたようにコストがかかります。そのコストを積み上げると、社員の満足度を高めるための環境整備の費用よりも、おそらく多くなると思います。

社員が辞めない会社にするためには、満足して働くことができる環境を整備することのほかに、働きがいが目で見てわかるようにすることも大切だと思います。つまり、評価や考課の基準をオープンにするのです。

経営者として、社員が「働きたい」と思える会社を常に目指すことを心がけてください。

すぐに花開かずとも、育てる！

中小企業の経営者の悩みの一つに、人材がなかなか育たないということがあると思います。

大企業や有名企業の場合は、優秀な若者を集めて採用することは容易ですが、中小企業ではそうはいきません。「こんなやつしか採れなかった」と嘆く中小企業の社長は少なくありませんが、「こんなやつとはひどい言い方だ」と責められない現状があります。また、せっかく採用しても、適切に育てていく仕組みや先輩社員の育成能力にも問題があるのが中小企業です。

しかし、そんなことばかり言っていられません。どうすればいいか、です。

中小企業においては、まずは社員をしっかり理解することから始めるべきだと思います。社員が10人いれば、性格も10通りです。仕事ぶりも10通りです。その上で、様々な社員に対して経営者自身が正しい評価をすることが大切だと思います。

たとえば、仕事をこなす能力は今一つだけれど、とても人懐っこい性格の社員がいるとしましょう。このような社員はたとえば取引先の人といい人間関係を結ぶのにはうってつけの人材かもしれません。仕事ができないからという理由で、マイナス評価を下したとすると、それは実にもったいない話だと思います。

実際、能力の高い社員ばかりが、会社の業績に貢献するとは限らないのです。私は、そうしたことを何度も経験してきました。

能力も様々、性格も様々です。社員のそうした様々な要素を経営者が認めなければ、また社員同士が尊重し合う環境がなければ、中小企業の限られた組織の力は強くならないと思います。

「こんなこともできんのか！　そやからあかんのや」という評価を下してしまうのではなく、これができないならばあれはどうだろうかという、一種の待ちの姿勢が、人を育てると思います。また、そのように社長が辛抱強く接していることは、当の社員には必ず伝わるものです。

すぐに花が開かなくても、意気に感じて発奮する社員は、決して少なくありません。

一般に、企業の経営資源は、ひと、もの、金、と言われます。それは中小企業でも同じです。その中でも、ひと、つまり社員は最も変幻自在の経営資源だと思います。

私たち中小企業においては、有能な人材を獲得することはなかなか困難です。だからこそ、現有の社員を育成する工夫をする、また第1部でも書きましたが、シニアを活用するしか道はありません。このことを念頭に置いておくべきだと思います。

コミュニケーションの機会をフル活用する

私は、私なりにこれまで社員を大切にしてきたつもりです。本当のところはどうだったのかは、当の社員たちに尋ねてみないとわかりませんが（笑）。なぜなら、社員を大切にしない会社に明るい未来はないと思っていたからです。

私の場合は、常に現場に足を運び、社員に声をかけてきました。特に変わりなくいつもと同じようにまじめに仕事をしていて声をかけなくてもいいような時でも声をかけます。

「どや、調子は？」

「わからんことや困ったことがあったら、いつでも聞きに来るんやで」

といった具合です。

ちょっとしたことでも社長が社員に声をかけると、「自分のことを見てくれている」とうれしく思うものです。それが社員のやる気にもつながるものです。

中小企業でも、社員が複数いる以上、それは立派な組織です。組織としての力が強いか弱いかは、会社の業績の浮沈に直結しています。

ですから組織力の強化は、業績を上げるうえで欠かせない重要な仕事です。そしてそれも社長の仕事なのです。なぜなら、中小企業は大企業とは違って、社内の教育係が足りない、もしくは全くいないからです。同期入社の社員はもちろん、先輩や後輩が満足に揃っていない中で、社員が切磋琢磨する、先輩が後輩をじっくりと育てるなどということは、夢物語に等しいのです。

だからこそ、社長が果たす役割は大きいのです。

大きな企業の場合、社長と一般社員とが会話を交わすことはほとんどありません。テレビ番組などで、社長自らが全国に展開している店舗を一軒一軒回って、現場の社員や店員に声をかけている姿があったりしますが、そういうケースはごく稀で、決して一般的な姿ではありません。

一方、会社の所帯が小さい我々中小企業の場合、社長と社員とが直接コミュニケーションを図る場面はいくらでもあります。工場の中を見回る、店舗に出向く、社員と一緒に食事をする、朝夕のミーティングをする、あるいは社員旅行やレクリエーションをするなど、機会は豊富です。

また、職制としても部や課や係がたくさんあるわけではなく、社長から事業部長に伝えて、事業部長から部長に、部長から課長に、課長から係長に、係長からグループリーダーに……といった面倒くさい伝言ゲームもありません。

ですから中小企業の場合、すべてのコミュニケーションの機会を有効に利用すべきだと私は思います。

愛知県岡崎市のある中小企業の話ですが、「社長が家まで送るよプロジェクト」というものを社長が行ったそうです。これは、朝、社長が社員を家まで迎えにいって、モーニングを一緒に食べて、会社に一緒に来て、ランチも一緒に食べて、帰りに夕食を摂りながら一緒に送っていくという、これを1週間続けるということを、社員一人ずつに対して行い、最終的には全員とやったそうです。

初めは社員の中には顔をしかめる人もいたそうですが、社長の意図がわかってくると、社員の方も面白がって社長に付き合ったそうです。その結果、社員一人ひとりがどんなことを考えて日々を過ごしているかがよくわかり、結果的に会社としての団結力が高まったといいます。

社員とコミュニケーションを図る方法は会社の実情に合わせていろいろ工夫できると思いますが、社員教育を進める上でも、組織力の強化を図る上でも、これは不可欠なことだと思います。

労働生産性をどう上げるか

中小企業の業績は、組織のチームワークの良し悪しと、社員一人ひとりの働き方の良し悪しで大きく左右されると思います。言い換えれば、売上も利益も常に右肩上がりの会社では、チームワークがとれていて、社員はみんな働き者です。それは人の生産性がすこぶるよいということです。

ではどうすれば、そうした生産性の高い状況を作れるのでしょうか。

○少数の精鋭化

少数精鋭体制とよく言われますが、中小企業においては、優秀な社員を集めて少数チームを編成、などということはできません。今いる少数の社員一人ひとりを一人前にして「精鋭化」するしかありません。

といっても、社員全員が、すべての仕事を高いレベルでこなす必要があるというわけではありません。仕事の守備範囲を細かく分けていき、○○の仕事ならA君に任せておけば安心、というところまで一人ひとりの社員を引き上げるのです。そうするだけで、一人ひとりの能力が高まり、組織全体の力がアップしていきます。資本力に限りがある中小企業が大企業や競合他社に負けないようにするためには、少数の精鋭化によって生産性を高める努力を続けなければいけないと思います。

○やる気にさせる

社員一人ひとりがやる気になると、当然のことながら生産性は向上します。

やる気満々の社員は、仕事を嫌々することはありません。みんな、仕事に追われるのではなく仕事を追いかけるようになります。

では、社員の仕事に対するやる気はどのように醸成するのかというと、基本は経営者と社員とが信頼関係で結ばれることです。良好なコミュニケーションを維持することが大切などとよく言われます。確かにその通りです。経営者が社員を労い、声掛けを絶やさないことは大切です。でもその根本は、経営者自身が社員から人間的に尊敬されること、これに尽きると思います。尊敬できない経営者のもとで、誰がやる気を持って働くでしょうか。

○自主的に動く社員を増やす

「指示待ち人間」という言葉を聞いて久しいですが、最近は「指示待ち」度合いがどんどん強くなるのが気にかかるところです。しかし「最近の若い者は」と嘆いても始まりません。

会社の生産性を向上させるために、指示待ち社員を、自主的に仕事をする社員に変えていくにはどうすればよいでしょうか。

多くの指示待ち人間に見られるのは、「自分が何をしたらよいかがわからない」という状態です。たとえば複数の業務がある場合、その優先順位がわからないために行動できず、結果として上司の指示を待ってしまうのです。

そういう社員には、丁寧な説明が必要だと思います。こういう時はこうする、このような状況の時はこうする、などあらゆるシーンを想定して説明してやると、迷うことなく行動できるでしょう。「自分の若い頃は、丁寧な説明などしてもらえなかった」と思っても仕方がありません。昔は昔です。

ただし、いつも説明ばかりしていては、指示待ち社員の成長は見込めません。そこで時には、本人に考えさせることも大切です。とにかく自分で一度どうすべきかを考えさせることで、何をすべきかが客観的に見えてくるようになることもあります。

ところが、自分で考え、何をすべきかがほぼわかっていても、それでも一歩が出ないタイプの人間もいます。そういう人は、自分が出しゃばりすぎてはいないかなどと、必要以上に周りを気にするのです。

こうした社員に対しては、自分から行動しやすい環境を作ることが大切です。たとえば古参社員たちの中に新入社員一人を放り込んだら、その新人はやりにくいものです。自らが積極的に動きやすい雰囲気を作ると、がらりと変わる社員もいます。

○短所よりも長所を見る

人間には必ず一長一短があります。仕事においても、得手不得手というのが必ずあるものです。生産性を上げるという観点で考えると、社員の長所と得意分野を活かすための適材適所が実現できているか、それが大きなポイントになると思います。また、長所や得意分野をよく見てやることは、指示待ちの社員を減らしていくことにもつながります。

人件費が経営を圧迫しているという問題

私たち中小企業において経営が苦しくなってしまう場合、大きな負担になっているのが人件費だと思います。人件費には、毎月の給料や賞与の金額だけではなく、会社が負担する福利厚生費や通勤手当なども含まれます。

人件費が負担になっているからといって、社員を闇雲に辞めさせ給与の減額をするのはよくありません。会社の売上を作り、会社の運営に寄与してくれるのは社員です。社員が減ることで、残りの社員の勤労意欲を削いでしまったら、人件費を削減することよりも甚大な損失が生じると思います。

よく言われるのは、「うちの会社は人件費が高くてね」という台詞です。実はこの言い方は、会社の経営に即した表現としては不充分で、「うちの会社は人件費率が高くてね」と言うべきだと思います。人件費率とは、粗利と人件費との対比です。

（人件費÷粗利）×１００

この数字が高ければ高いほど好ましくない事態です。人件費率は、40パーセント以下に抑えたいところです。

人件費が負担になっているということは、人件費に見合った売上や利益が上がっていないということです。それは、社員一人ひとりに当てはめれば、その社員に支払う人件費以上の貢献をしてくれている社員もいれば、そうでない社員もいるという現状が浮き彫りになってくると思います。

ただ、社員が担当している仕事はもちろん一律ではありません。営業や開発といった、直接利益を造成する仕事を担当している人がいる一方で、間接部門の社員もいます。営業の社員ならば、それぞれの営業実績を見ればその貢献度はすぐにわかりますが、間接部門や管理職の場合も、会社にとってどこまで貢献してくれているのか、また会社にとってどれだけ必要不可欠な存在となってくれているのかをしっかりと見定めないといけないと思います。

その結果、問題視すべきなのは、人件費に見合ったリターンを会社にもたらしてくれていない、いわば「赤字社員」の存在です。そういう社員が多いと、人件費の割に売上が芳しくない状態、つまりは相対的に人件費が経営を圧迫している事態を招いてしまうのです。

そのような貢献度の低い社員がなぜいるのか、その一番の原因は、その社員の努力不足でしょう。努力が足りない社員には、もう少し努力させるしかありません。たとえば営業職の社員が、新規のところに月に３社しか訪問していないとするならば、６社、７社と訪問先を増やすように促すのです。そうしたシンプルなことを付加的にさせるだけでも、その社員の成長が期待できたり、営業数字が変化したりするものです。

また、貢献度の低い原因に、能力的な問題があるようでしたら、仕事に関する勉強をさせるなり、能力アップのための機会を与えるなり、様々な策を講じる必要があると思います。

さらに、担当してもらっている仕事とその社員の能力が適合していない場合も考えられます。そういう場合は、配置転換などで、適材適所化を図ることが必要でしょう。

しかし、配置転換を拒否したり、努力を拒否したり、勉強をしなかったりと、その社員が「黒字社員」になるような対策を否定するのであれば、もうその時は辞めてもらうしかないでしょう。

「赤字社員」のままでは、その社員は永遠に、会社に対し赤字しかもたらさないのですから。

経営的に苦しい状況から脱し、会社を立て直していくには、このように人件費に焦点を当てて対策を講じることが重要だと思います。そのためには、人件費全体を見るというよりも、一人ひとりの人件費と、その一人ひとりが会社にどれだけリターンをもたらしてくれるのかを見て、対策をとっていくことが必要になります。

古参社員の技術や技能を伝えていくために

高齢化が進む昨今、ベテラン社員の人数より若手社員の人数が下回るという企業が少なくないと思います。特に私たち中小企業ではこの問題は深刻です。このような状況が続くと、すばらしい技術や技能があっても、それが会社の財産として受け継がれていかない事態を招きます。そして問題はそれだけではありません。

製造業の場合、その会社独自の技術や難しい技術に長けているのがベテラン社員ということになると、そうした技術が必要になる仕事がベテラン社員に集中してしまい、そのベテラン社員の手が空くまで次の仕事にかかれないという場合があります。その結果、せっかくの仕事を断ってしまうという事態になりかねないのです。

また先輩社員から後輩・若手に技術が伝わっていかなければ、会社全体として技術競争力は低下していくと思います。このことも大問題です。

ではどうすればよいのかということですが、まず考えるべきは、熟練技術や技能の標準化・マニュアル化だと思います。たとえば山田さんというベテラン社員がいるとします。この山田さんにしかできない作業があるという状況が問題なのです。ですから山田さんという熟練工が持つ技術と技能を、標準化・マニュアル化して、他のどの社員が手掛けても仕事ができるようにするわけです。山田さん以外にも熟練した技術や技能を発揮してきた社員がいれば、それらをすべて他の社員も共有できるようにすることが大切だと思います。

ただ、この標準化・マニュアル化は決して簡単なことではありません。なにしろ山田さんたちが長年にわたって腕を磨いてきた成果が、そうした熟練技術なのです。その技術に関する「取扱説明書」を作成するようなわけにはいきません。ですから山田さんたちに協力してもらいながら、何をどのように標準化し、作業マニュアルに落とし込んでいくかを丁寧に解析する必要があると思います。

また山田さんたち熟練工にも、自分たちが苦労して身につけた技術だというこだわりがあるはずです。山田さんたちには、その技術を、独り占めする気持ちはないとしても、誰でもできるようなマニュアルにすることへの抵抗があるかもしれません。ですから、そうした熟練工たちに協力してもらうことにも、気持ちの配慮をすることが大切だと思います。

さらに、ベテラン社員が持つ熟練技術の、機械化やＩＴ化にも取り組む必要があるでしょう。もちろん機械やコンピュータが取って代わることのできない技術もありますが、機械化やＩＴ化をすることには、作業効率の向上や人件費の削減といった大きなメリットもありますので、捨てがたいと思います。

また、教育と評価も忘れてはいけないと思います。熟練技術が標準化・マニュアル化ができたとしても、それらの技術を若手社員や、技術の習得がまだ不十分である社員に定着させるトレーニング、つまり教育が実施されなければ、絵に描いた餅に終わってしまいます。ですからＯＪＴで仕事をしながらの教育や集合研修など、技術の教育に力を入れることは不可欠だと思います。また、評価ということについては、技術的な資格・認定制度による評価、技術習得と連動させた目標管理の導入、能力給などによって処遇を充実させることなどを、できる範囲で実施するのです。そうすると、技術や技能を継承していく若手社員たちのモチベーションを高めるはずです。

そして、技術や技能の伝承という観点からすれば、定年の延長も一つの方策ではあるでしょう。先ほどの山田さんのような熟練社員の定年を延長して、その延長した分を若手の教育に充《あ》ててもらうのです。ただし、もっぱら技術の継承を先延ばしするために定年延長を利用する、などということはあってはいけないと思います。

ところで、技術や技能の伝承がうまくいかない企業の中には、そうした熟練技術や技能を必要とする仕事を、外部に委託してしまう会社があります。これは要注意だと思います。なぜならそんなことを続けていると、ますます自社の技術競争力が失われていく可能性があるからです。

ベテラン社員が持つ熟練技術を継承する、このことは全社を挙げて取り組むことが大切だと思います。そしてそれは、自社の強みを明確にして、その強みに特化した企業を創り上げることでもあると思います。そうなると、それ以外の自社の強みに関係のない仕事をする余力はなくなるかもしれません。

そういう場合は、専門領域を持つ中小企業同士が連携をして、お互いにアウトソーシングすることも検討するべきでしょう。そうしてお互いの技術や技能を守りながら、社会全体で価値向上をしていくことが、今後大切になってくると思います。

経営者にとって人材育成に必要な視点

中小企業の経営者は、大企業の場合と同様、自社の社員をどう育てるかに、常に注意を傾けていなくてはいけないと思います。むしろ、中小企業だからこそ人材育成には熱意を傾けることが重要だと思います。「うちは小さな会社だし、従業員も少ないから、部下のことは現場の責任者に任せている」などと考えているとしたら、経営者としては無責任です。ここでは、経営者にとって人材育成に必要な視点について考えたいと思います。

○人を育てることを経営者自身の仕事だと考える

昔は「見習い」と言って、先輩について見て習わせることが普通でした。私も若い頃は、先輩の見習いとして仕事を覚えたものです。現在では、仕事の内容によっては「見習い」でも大丈夫かもしれませんが、「見習い」をさせるならさせるで、何をどのように見習わせるのか、トップである経営者は把握していなければいけません。

経営者自身が直接、社員を手取り足取り教えることはないとしても、会社としての人材育成を、経営者が当事者意識を持って取り組むことは最も重要なことだと思います。人事部や総務部の人たちに「人材育成は、よろしく頼む」と言って任せてしまうのはいけません。

○会社の将来構想と人材育成を別々に考えない

闇雲に「早く仕事を覚えろ」という号令をかけてばかり、これではいけないと思います。5年後、さらには10年後といったように、自社の成長の構想を描きながら、いつまでに、どの社員に、どのように成長してほしいのか、そのためにはどのような教育が必要なのかを考えることが大切だと思います。そういう構想がある程度明確になっていれば、仮に人事部の社員に研修を任せても、人事部は決して場当たり的でない教育の計画を組んでくれるのではないでしょうか。また、社員の側も、会社の仕事を通して成長することに、将来的な見通しが持てるようになると思います。

○長いスパンで人を育てるという視点に立つ

人材育成は、短期集中で成就するものではありません。前項とも関連しますが、5年後、10年後の将来構想とマッチさせることを考えると、人材育成においても5年後、10年後の成長を図るという考え方に立つべきでしょう。特に、経営幹部候補は一朝一夕ではなく、常日頃の継続的な働きかけや指導からしか育っていかないものです。

○人を育てている会社という社風を創る

人が育っていく、そこには上司や先輩の指導や、社内研修などの教育機会が大きく影響することは言うまでもありません。でもそれだけではないと思います。経営者や人事部が人材育成に関するビジョンを明確にしたら、人材育成が事業計画の達成にとっても不可欠であることを全社員に訴え、各現場にも理解を求めていくことが大切だと思います。つまり、人を育てるということを、いわば会社の風土にしてしまう、そういう持っていき方が大切だと思います。

○外部の方にも協力を仰ぐ

中小企業にはあまり資源がありません。何もかも自前で、というのは難しいのです。人材育成も同様です。ですから必要に応じて、外部スタッフに人材育成を手伝ってもらうことも視野に入れるべきだと思います。ただし、すべて丸投げはいけません。どのようなサイクルで、どのような育成計画で、どういう着地点で、といった要所は自社で、つまり経営者が当事者意識を発揮して考えることが大切だと思います。

自分より年上の社員にどう接するか

中小企業の経営者の中には、先代社長の後を継ぐ場合も含めて、若手の経営者が少なくありません。すると、自分より年上の部下が何人もいるという状況が出現します。そうした年上の部下の指導ということも含め、年配社員への接し方について考えたいと思います。

○会社の責任者であることを周知させる

いくら若い経営者であっても、常に会社の代表として仕事をしており、何かあれば最終的な責任は経営者自身が負うことに変わりはありません。そうしたことの自覚を持ってこその経営者であり、また会社の成長と社員の幸福を実現するために、日々努力しているのが経営者です。そうしたことに誇りを持っていることを、すべての社員にしっかりと知らせることが大切だと思います。

○社員一人ひとりの経験に敬意を払う

この道何十年のベテラン社員は、長年の努力と経験で培った技術や技能を持っています。そのような古参社員でなくても、社員一人ひとり、担当の仕事や対人折衝を通じて、知恵や経験を蓄積してきています。それらの蓄積はすべて貴重なものです。それらに敬意を払うとともに、もし経営者自身に得意分野があれば、それを伝えるといった、相互の啓発もまた善きかな、です。

◯ベテラン社員に積極的に相談する

「まあ、わしは、社員に、いろいろと教えてもろうてな、仕事をしてきたな。会社が大きくなったのは、そやから、社員のお蔭や。わしは、あんまり、知識がないからな。それで、社員に聞くんや。皆、よう知っとるわ。こうしたらどうですかとか、それはあきませんとか、言うてくれる。わしが大将やからな、最終的には、わしが決めるけど、おおいに参考になる、どの話もな。だいたい、部下にものを聞く、尋ねるとな、ええことばっかりや。話を聞くということは、指導者というか、経営者としてこんな得な、ええやり方はないわな、早い話。けど、一般的にそういう人たちは、分かっておるのやろうけど、指導者として、経営者として、部下の人より賢いところを示さんといかんというような、そんな態度をとる人が、どちらかと言えば多いな。本当は、そういう態度をとったら、損なんや。指導者、経営者にとっていちばん大切なことは、知ったかぶりしたり、いばることではなくて、会社を発展させる道を見つけ出すことやな」（『ひとことの力　松下幸之助の言葉』江口克彦著・東洋経済新報社）

これは、松下幸之助さんの言葉です。年上の社員に接する際、この言葉を思い出しておくことが大切だと思います。

○経営者としての仕事を常に念頭に置く

経営者としてすべきこと、その最も大切なことの一つが、自社が進むべき方向を定め、会社がそこに到達できるようにサポートすることだと思います。そのことに徹し、ベテラン社員とはそうした会社の目標やビジョンを共有してそれら共通の目標を達成するために、社員をサポートしていこう、そんな姿勢でいることが重要だと思います。

顧客満足、お客様第一とは何か

住宅という高額商品で商売をしている工務店の仕事を考えてみましょう。工務店では、住宅を一棟、ご注文いただき成約できるかどうかで、売上も利益も、ものすごく大きく変わってきます。ですから、ややもすると、「何とか売ってやろう」という気持ちが働きます。なにしろ売上を上げてこその経営ですから。社員の生活がかかっていますから。

その一方で、工務店の中には、「どうしたら買っていただけるか」と考えて仕事をしているところが少なくありません。この「何とか売ってやろう」と「どうしたら買っていただけるか」は、実は似て非なるものです。「どうしたら買っていただけるか」と考える工務店は、お客様に喜んでもらおう、満足していただこうとしています。そして、その結果が住宅の購入であり、購入後もお客様に満足していただこうと努力しているのです。私は、これこそが顧客満足ということの原点だと思っています。住宅の建築、販売だけにとどまらず、中小企業の経営にとって忘れてはならない仕事の姿勢です。

そして、顧客満足は、お客様や取引先を感動させてこそ本物だと思います。会社と会社との取引でも、会社と消費者との取引でも変わりません。最終的に決裁するのは人なのです。私たちは、そうした「人」を感動させるまでにサービスや商品、さらにはアフターフォローを引き上げるかに、心を砕く必要があると思います。たとえば、
○今までにない画期的なサービス、すばらしい商品力

◯驚くほど行き届いた接客

◯購入、決裁、運搬・設置、アフターなどすべてが終了するまでの見事な迅速さと正確さ

◯予想を上回るサービス

◯ずば抜けて温かく早いクレーム対応

これらのいずれかが、あるいはすべてが、私たちの仕事に当てはまるのではないでしょうか。お客様は自分たちの想像の域を超えてくるものに対して感動するものです。そうであるならば、お客様が想定されるのはどういうレベルなのかを考え、そのレベルを突破するために、どのような努力をすればよいかということです。私たちは、お客様を感動させることを徹底的に考え、感動を提供する。これは企業の使命といっても言い過ぎではないとさえ思います。

この顧客満足につながる表現として、「お客様第一」という言葉があります。昨今、「お客様第一」を標榜しない企業は一社もないと思います。けれども、この「お客様第一」がただのスローガンで終わっていたら何にもなりません。それぞれの会社ならではの経営理念に基づいたもので、具体的な事業や製

品、サービス、さらには社員の行動で「お客様第一」を示さなくてはならないと思います。

そして、顧客満足やお客様第一が継続的に実行されていくと、86ページで述べたような固定客の増加が現実のものになっていくと思います。

社員に持たせたい五つの意識

会社の規模の大小に関わらず、社員には主体的に働いてもらいたい。これは経営者なら誰しも願うことです。しかし主体的に働くと言っても、何をどうすることなのか、人によって解釈が違うと困ったことになると思います。そこで、主体的に働いてもらうための、考え方の目安として五つの意識の話をしたいと思います。この五つの意識を社員全員に持ってもらって仕事をすることが、一つの理想形だと思います。では、その五つの意識とはどんなものでしょうか。

1　目標意識

小さな仕事も大きな仕事も、目標を持って取り組むことが大切です。それが目標意識です。何を、いつまでに、どう完成させるかという具体的な目標があれば、今、自分は何をするべきなのかがわかります。仕事が終わった時にはその目標に対して具体的な達成度もわかります。またもし、目標を達成できなかったとしても、次には何をどれだけやればよいのかもわかります。

目標意識を持って仕事を進めるには、仕事に取りかかる前に、何を、いつまでに、どう完成させるかの目標を具体的に決め、それをどうやって達成できるか考える習慣をつけることが大切だと思います。

また、目標を具体的な数値で表すことも重要です。たとえば営業社員の場合なら、「今月はできるだけたくさん売ります」ではなく、「今月の売上目標は50万円。新規客の成約目標は10件」といった具合に数値化するということです。

2　納期意識

目標意識にも通じることですが、納期意識とは、期限や約束を守ることです。

当たり前のことなのですが、これが意外に難しいこともあります。つまり、機械設備のコンディション、材料の調達、社員の健康状態、仕様変更、天候、道路事情など、納期に影響を与える可能性のある要因は少なくないからです。そうした要因をすべてクリアして納期を守ることには、かなりの注意力や集中力が要求される場合があると思います。そうだとしても、必要な時にその製品が手に入らないのでは意味がありません。

納期を守るということは信頼につながります。このことは、取引先やお客様に対してだけでなく、社内の仕事相手に対しても当てはまります。お客様への納期は守るけれど、社内の仕事仲間との約束はいい加減、ということではいけません。

3　品質意識

品質意識とは、品質の高い仕事をする姿勢です。仕事に要求される条件を満たし、さらにそれ以上を求める意識でもあります。要求される通りの仕事をしたからそれでよいと考えてはいけないと思います。要求される通りに仕事をする、これはお客様にとっては至極当たり前のことで、それを上回った時に初めてお客様は喜ばれます。

また、品質には出来栄えの品質と、狙いの品質とがあります。出来栄えの品質は、製品、サービス、仕事のまさに出来栄えです。狙いの品質とは、仕事にとりかかる前の、設計、計画、段取りなどの良し悪しです。

4　原価意識

原価意識とは、仕事のコストを認識して無駄をなくしていこうという姿勢です。何事においても、最小のコストで最大の効果を上げる、これが仕事の鉄則だと思います。

そして、コストは、材料費や原料費など、直接製造に関わるものだけではなく、人件費や会社の諸経費はもちろん、時間もコストであると認識させることが大切だと思います。30分で切り上げるべき会議が2時間もかかれば、その会議メンバーの時間が1時間半も圧迫されたことになります。そうした、一見して原価としてみなされにくいものに対しても、原価意識を働かせることが肝要です。

5　規律意識

規律意識とは、職場の決まりを守って仕事をする姿勢です。会社の就業規則を守ることは大原則です。それだけでなく、仕事中は私語をしない、時間を守る、理由のない離席をしない、上司から指示されたことはきちんと履行し、終われば報告するといったことも、規律の中に含めるべきだと思います。こうした規律を守ることで、責任感も生まれ、仕事仲間との協調性も育まれると思います。

社員に持たせたい経営者意識

先の、五つの意識の話にも関連しますが、ここでは経営者意識の話です。一般社員に対して、「君たちも経営者意識を持って仕事をしなさい」と言っても、ピンとこないかもしれません。あるいは、「安い給料しかもらっていないのに、そんなことできるか！」と反発心を抱く社員がいるかもしれません。それは当然のことだと思います。

でも、社員に経営者意識を持ってもらうことは、とても重要なことだと思います。では、どうするかという話です。

経営者意識を持つとは、責任を持って仕事をしていくということと言い換えてもいいと思います。たとえば、製造現場の社員Ａさんが、25万円の月給をもらっているとします。そこでまず大切なのは、Ａさんが、給料25万円をはじめとして自分には様々なコストがかかっているということを認識することです。そして、その費用をまかなって、さらに利益が出せるほどに真剣に仕事に取り組むことです。そのためには、Ａさんは、Ａ株式会社またはＡ商店を営んでいるという感覚で仕事に取り組み、それなりの利益意識を持つということが大切になってくると思います。

松下幸之助さんの著書に『社員稼業』という作品があります。社員稼業という言葉も、言い換えれば経営者意識だと思います。「自分は『社員稼業』という一つの独立経営体の主人公であり、経営者である、という意気込みで仕事に取り組み、ものを見、判断することが大切ではないか」、と幸之助さんは社員たちに提案していたといいます。

「そのような考え方に徹することができれば、我がこととして働く喜びを味わえて辛いことも乗り越えられるし、自分の稼業が繁栄していく喜びに、疲れも時の経つのも知らないということにもなるだろう」(『社員稼業』松下幸之助著　PHP研究所)

これは、経営者の喜びにも通じる話だと思います。

ただし、経営者意識といっても、本来の経営者の意識という意味ではありません。本来の経営者意識を持つように仕向ければ、独立して起業する社員を増やしてしまうことにつながるかもしれません。

経営者意識を持つとは、自分の報酬の採算を取るつもりで仕事をすること、さらに会社に利益をもたらすほどの価値の高い仕事をすること、それにふさわしい仕事のスキル、知識、見識をつけていく、これに尽きると思います。

人を育てるのは何のため？

縁あって入社してくれた若者には、１日も早く仕事を覚えて、会社の戦力になってもらいたいものです。そのために、研修を行い先輩社員が指導をしていく、それはどちらの企業にも共通したことでしょう。

ところで、人材育成は何のために行うのでしょうか。「そんなこと、聞かれるまでもない。当たり前のこと。早く一人前になって会社に貢献してほしいからに決まってる」そんな答えが返ってくると思います。確かにその通りだと思います。でも、それだけでしょうか。それだけだとしたら、働いてくれる若者本人の立場でものを考えていないと言わざるを得ません。

私たちの会社に正社員として入社してくる若者は、「できればこの会社で将来にわたって働こう」と思っているはずです。しばらくしたら転職すればいいや、などと考える若者もいないではないですが、そんな人は採用試験の時に馬脚を現すものです。せっかく入社してくれた人にとっては、会社はこれからの人生の大半を過ごす場所であり、1日という単位で考えれば、人間が最も元気な時間帯を過ごす居場所、それが会社なのです。

早く戦力になってほしいということは大きな前提としつつも、私たち経営者が考えるべきことは、それぞれの若者たちに、仕事を通して人間的に成長してほしいということだと思います。そしてそのために、どのような環境を若者たちに用意すればよいか、ということだと思うのです。

「そんな考え方は、大企業なら通用するけれど、我々中小企業には、人材育成に小難しい理屈は要らないし、第一、そんな教育者みたいなことをしている余裕はない」などと考える経営者がいるかもしれません。しかしそれでは、あまりにも考え方が貧困だと思います。

大企業だから人材育成はしっかりやれる、中小企業はそんなことは考えなくてよい、といった考えは、中小企業の一種の甘えです。会社の規模の大小は関係ありません。中小だから、零細だから、人を育てるための考え方も、弱小でよいなどということはありません。むしろ、「うちの会社で仕事をしてくれる人は、仕事の面ではどこに出しても恥ずかしくないプロになれる。そして一人の人間としても、確実に成長できるよ」と、堂々と宣言できるぐらいの状況であってほしいと思います。そうした気概を持たない経営者は、人の採用に関しても、その後の育成に関しても、どこか中途半端な状態から抜け出せないに違いありません。

ただし、経営者としてそのような宣言ができるためには、社内の環境の面で、それに対応したことが実現されていなくてはならないでしょう。せっかく新人を採用したのに、たとえばその後の育成計画がいい加減だ、直接指導を担当する先輩社員が頼りない、先輩が成長していない、先輩たちがろくに挨拶をしない、社内に活気がない、ルールや規則が守られていない、会社として進む方向が見えない……といったことでは、新人も決してバカではありませんから、こんな会社に来るんじゃなかった、と思うでしょう。あるいは、だらしない先輩の真似をして、要領だけでうまく生きる社員になってしまうかもしれません。

人手不足はなかなか解消されないかもしれません。とりあえずの対処療法として、アルバイトや内職の方に応援を求めることは仕方のないことでしょう。

しかし、長期的な視点に立った人の育成の考え方や「わが社の社員を本気で育てるんだ」という姿勢は、絶対に堅持していくべきだと思います。

おわりに

思い起こせば、父親に命じられて此花荷札製造所を立ち上げ、やり遂げたことが、大きな自信になりました。その自信は仕事上で、大きな力になりました。

その後、ダイエーとの取引が発生したときも躊躇することなく前に進めました。またショッピングバッグの製造に私を駆り立てましたが、その思いが後の企業経営に生きたのかもしれません。難局が立ちはだかったときも、逃げることなく、必ず乗り越えられる、必ず解決してみせるという思いで突き進んだからこそ、厳しい中小企業の世界の中で生き延びることができたのだと思います。

「できない」「ダメだ」と思うと、脳が「できない」と反応して行動に出てしまうと、ある本で読んだことがあります。逆に「できる」と思うと、できるような行動になるそうです。

企業経営も同じでしょう。できる、やれる、必ずやってみせると思うことで力強く前進できると思います。

このように言えるのも、これまで出会った多くの方のご支援の賜物とこの場を借りて御礼申し上げます。また今まで仕事一筋の私を支えてくれた家族、とりわけ妻には感謝しています。本当にありがとう。

最後に本書刊行に際して次の方々にお力添えをいただきました。御礼を申し上げます。

・イカリ寿司　専務取締役　石川博一様

・西部エンジニアリング株式会社　代表取締役　石井宏之様

・丕之出産業株式会社　代表取締役社長　増田宏之様

・株式会社水王舎　取締役　瀬戸起彦様、水王舎の皆様

・株式会社メイドインジャパングループ　泉尾博子様、戸田浩司様

・編集企画ＣＡＴ　中村実様

・原　功様

大島邦夫

２０１８年８月

参考文献

本書執筆にあたり、次の本を参考にさせていただきました。

松下幸之助『社員稼業』ＰＨＰ研究所
江口克彦『ひとことの力：松下幸之助の言葉』東洋経済新報社
ＰＨＰ総合研究所編『松下幸之助小事典』ＰＨＰ研究所
河合雅司『未来の年表』講談社

大島　邦夫（おおしまくにお）
1935年　大阪市此花区生まれ
1959年　関西大学法学部法律学科卒業
1960年　此花紙工株式会社の前身である此花荷札製造所を創業。
此花紙工株式会社をはじめ、大和印刷株式会社、株式会社コノハナ、此花マネジメント株式会社、株式会社ホーエイ、進栄印刷株式会社、有限会社ジェイパックを擁する此花グループとして、紙袋製品の受注から印刷・製袋・物流までの小企業集団を作りあげた。
此花グループの経営は後進に託し、現在は有限会社ジェイパックの代表取締役として活躍中。

小さくても強い会社を作る　本気の経営力

2018年10月25日　第一刷発行

著　者　大島 邦夫
発行人　出口 汪
発行所　株式会社水王舎
東京都新宿区西新宿6-15-1
ラ・トゥール新宿　511　〒160-0023
電話03-5909-8920

印　刷　シナノ印刷
カバー印刷　歩プロセス
製　本　ナショナル製本
装　丁　冨澤 崇
構　成　原 功
編集協力　中村 実（編集企画CAT）
編集総括　瀬戸起彦（水王舎）

　ISBN 978-4-86470-112-9